フランス語構文練習帳

Cahier d'exercices de la syntaxe française

辻部 亮子 著

まえがき

この小冊子は、パズル感覚で短文をたくさん作りながら、教室で学ぶフランス語の文法的知識の定着をうながすとともに、そうした知識の運用・応用力を高めることを目指した練習問題集である。短文作りのルールはいたって単純である。各 Ex. で提示されるにしたがいつつ、巻末にイラストで表されている語彙を順に代入し、全文を書き（言い）換えていくのである。とはいえ、単に単語を入れ替えるだけでは正しい文章は作れない。まずは、各キャラクターの冒頭にある文法表に目を通し、各品詞が要求する操作や変化の体系——パズルを解く上での鍵であるとともに、文法そのものでもある——をつかむ。そのうえで、各 Ex. を全問正しく、かつ迅速に書ける（言える）ようになるまで、繰り返し練習していただきたい。決まった語彙と表現だけを使った短文作りを気長に根気よく取り組む学習者は、ほどなく、語と語をつなぐ上でのルールである文法的規則をなかば自動的に適用できる自分に気付くことだろう。そして、語彙や表現法をどんな文章でも作りうるという自信を持つだろう。

なおこのメソッドは、中学・高校における英語教育の現場で名高い教科書、『プログレス・イン・イングリッシュ』シリーズ（ロバート・M・フリン著、エデック社）に着想を得たものである。著者はこの方法を、変化の体系に富んだフランス語の習得にきわめて有効なものと考えて大学でのフランス語教育に取り入れ、成果をあげてきた。この練習帳の出版にあたり、ご理解をいただいたエデック社の大山氏にお礼を申し上げる。また、駿河台出版社の上野氏、著者の意図を適確に汲んだイラストを作成してくださった堀尾氏、膨大な数のフランス語文のチェックを引き受けてくれた友人 Lefrançois 氏、そして、助言と励ましによって著者を支え続けてくれた夫に、心からの感謝を捧げたい。

2012 年 2 月　著者

本書の使い方

本書は、各々特徴的な操作を要求する四つの品詞（名詞、形容詞、代名詞、動詞）に対応した四つのチャプターから構成される。また、それぞれのチャプターは、練習する文法事項の難易度に合わせて1〜4のレベルに分かれている。したがって、チャプター番号順や Ex. の通し番号順に進んでいくのではなく、すべてのチャプターの同一レベル間題に同時に取り組み、レベルを上げていくとよい。各レベル内では、Ex. 番号順に進めるとよいだろう。各 Ex. の見方は次の通り。

練習する文法事項 — 学ぶ内容のレベル。各レベルでの Ex. は、それまでのレベルで練習した事項をふまえている。

練習番号（通し番号）

Ex. 38 疑問形容詞 ☞ 表 ⑧

NIVEAU 2

その Ex. で使用するイラスト集の番号

FIGURE 1

例文。これに、左上に指定されたイラスト集のイラストで示された番号の名詞を代入し、かつ括弧内に示された指示にしたがって、全文を書き（言い）換えていく。

Quel stylo choisis-tu?

0（単数／君） 1（単数／君） 2（単数／彼） 3（複数／彼ら） 4（複数／彼女）
5（単数／彼ら） 6（単数／彼） 7（複数／彼女） 8（単数／あなた達）
9（複数／あなた達）

例文を書き換えるうえでのホストテキスト等で留めにし、例文を「あなた達」にして例文を書くことを示している。例文中では、主にFIGURE 1 の 9 番の名詞を複数にして例文を書くことを示している。

指定されたイラスト集のイラスト番号。各イラストの左上にイラスト番号があるが、練習物は、各ページのイラストの左上におよびフランス語が書けるようにストレスなく単語が書けるようになるだろう。

巻末のイラストは、本書から切り離してホストテキスト等で留めにし、このようにイラスト集のイラスト番号、各イラストの表す事物は、各ページイラストの左上におよびフランス語が書けるようにイラストを重ねるように（日本語およびフランス語が書けるように）なるだろう。

例文の日本語訳、および例文注意。覚えるべき細かい文法事項や表現法など記載。他チャプターの内容である場合、括弧内に参照頭を記してあるので、前提となっている文法的事項が当該練習問題を解くうえで前提となっている文法事項が他チャプターで練習済みの文法的事項、当該練習問題を解くうえで前提となっている文法事項が他チャプターで練習済みの場合、その Ex. で前提となっている文法的事項が当該練習問題を解くうえで前提となっている場合、文章訳が正しく作れないとき、文章訳の問題としても使える。

どのペンを君は選ぶか？
・同じカテゴリーの中から特定の個体を選ばせるための疑問詞が quel である。名詞の性・数に応じて一般の形容詞と同じ変化をする。
・「～を選ぶ」: choisir ＋直接目的 (☞ §4 表 ⑧ ④と同型)

Ex. 97

他チャプターで練習済みの文法的事項、当該練習問題を解くうえで前提となっている場合、その Ex. ナンバーをここに示す。文章訳が正しく作れないときここに立ち戻って復習を。

FIGURE 1

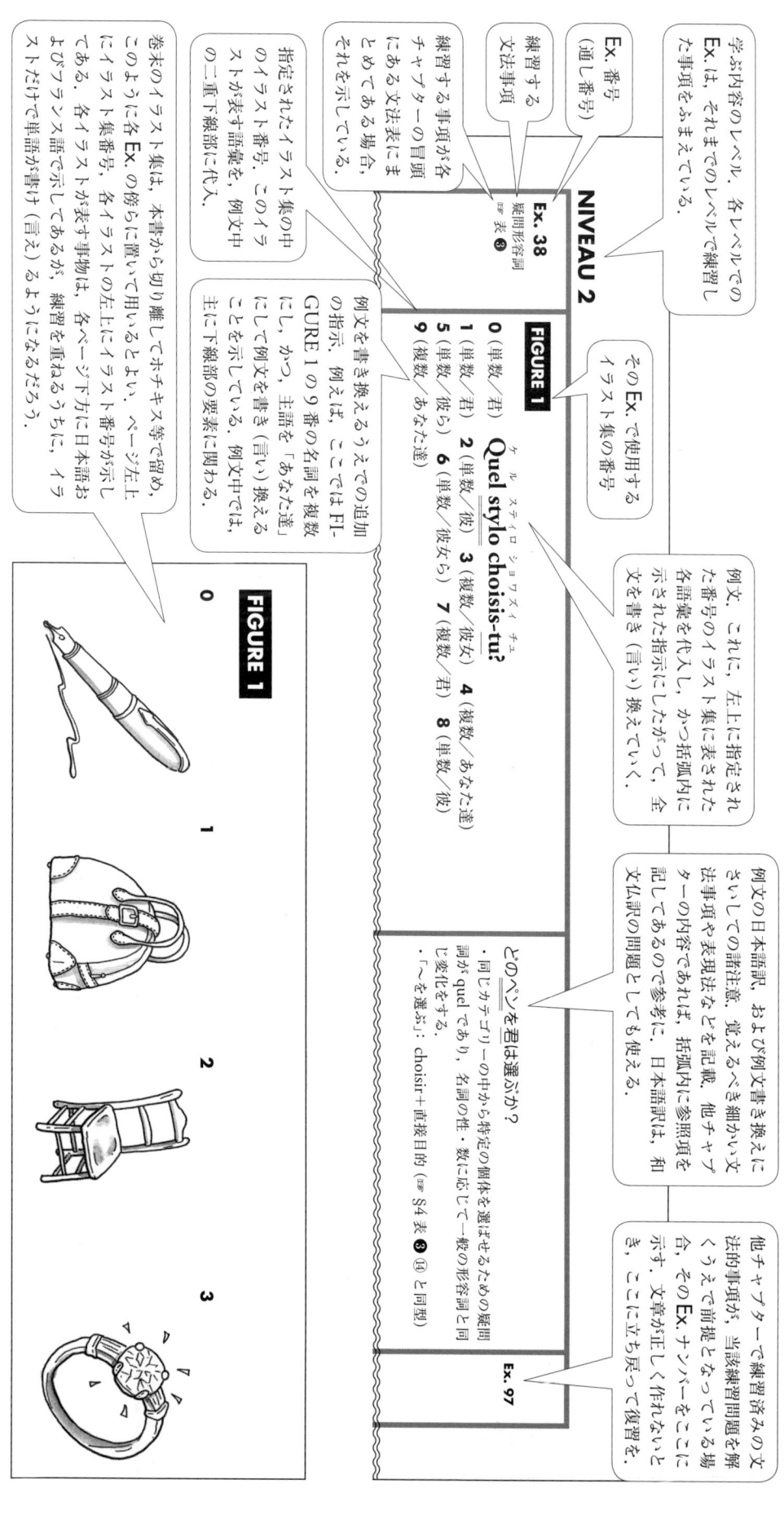

0 1 2 3

目次

§1 名詞の操作　p.7

文法表　p.8

Ex. 1	不定冠詞	p.9
Ex. 2	名詞の複数形	p.9
Ex. 3	部分冠詞	p.9
Ex. 4		p.10
Ex. 5	定冠詞	p.10
Ex. 6		p.10
Ex. 7	指示形容詞	p.10
Ex. 8		p.10
Ex. 9	所有形容詞	p.11
Ex. 10		p.11

＜NUEVO＞1

Ex. 11	否定のde	p.11
Ex. 12		p.11
Ex. 13	不定冠詞 des の細則	p.11
Ex. 14		p.12
Ex. 15	前置詞と定冠詞の縮約	p.12
Ex. 16		p.12
Ex. 17		p.12
Ex. 18		p.13
Ex. 19	名詞を無冠詞で用いる場合	p.13
Ex. 20		p.13

＜NUEVO＞2

§2 形容詞の操作　p.15

文法表　p.16

Ex. 21	形容詞の性数一致	p.17
Ex. 22	（属詞）	p.17
Ex. 23	形容詞に類する名詞の性数一致	p.17
Ex. 24		p.17
Ex. 25	形容詞の性数一致（属詞）	p.18
Ex. 26		p.18
Ex. 27	形容詞の性数一致	p.18
Ex. 28		p.18
Ex. 29	（付加形容詞）	p.18

＜NUEVO＞1

Ex. 30	比較級	p.19
Ex. 31		p.19
Ex. 32	特別な比較級	p.19
Ex. 33	同等比較	p.20
Ex. 34	再帰代名詞	p.20
Ex. 35	最上級	p.20
Ex. 36	副詞による程度の表し方	p.20
Ex. 37	疑問形容詞	p.20
Ex. 38		

＜NUEVO＞2

§3 代名詞の操作　p.23

文法表　p.24

Ex. 48	人称代名詞主格	p.26
Ex. 49		p.26
Ex. 50	人称代名詞強勢形	p.26
Ex. 51		p.26
Ex. 52	人称代名詞直接目的格	p.27
Ex. 53		p.27
Ex. 54	人称代名詞間接目的格	p.27
Ex. 55		p.27
Ex. 56	不定代名詞	p.28
Ex. 57		p.28
Ex. 58	中性代名詞	p.28

＜NUEVO＞1

Ex. 59	再帰代名詞	p.28
Ex. 60	（直接目的）	p.29
Ex. 61	再帰代名詞	p.29
Ex. 62	（間接目的）	p.29
Ex. 63	不定代名詞 on	p.29
Ex. 64	人称代名詞目的格のある文の否定	p.30
Ex. 65	非人称il	p.30
Ex. 66	指示代名詞	p.30
Ex. 67	所有代名詞	
Ex. 68		

§4 動詞の操作　p.37

文法表　p.38

Ex. 91	基本動詞説法現在	p.40
Ex. 92		p.40
Ex. 93		p.40
Ex. 94	-er型規則動詞直説法現在	p.40
Ex. 95		p.41
Ex. 96	不規則動詞直説法現在	p.41
Ex. 97		p.41
Ex. 98		p.42
Ex. 99	不定詞	p.42
Ex. 100		p.42
Ex. 101	疑問文	p.43
Ex. 102		p.43
Ex. 103	否定文	p.43
Ex. 104		p.44
Ex. 105		p.44
Ex. 106	命令法	p.44
Ex. 107	近接未来	p.45
Ex. 108		p.45
Ex. 109	近接過去	p.45
Ex. 110	現在分詞	p.45
Ex. 111	直説法複合過去	p.46
Ex. 112		p.46
Ex. 113		p.46
Ex. 114	人称代名詞目的格のある文の否定	p.46
Ex. 115	複合過去の否定	p.47
Ex. 116		p.47
Ex. 117		p.47
Ex. 118	目的語のある複合過去	p.47
Ex. 119	目的語のある複合過去の否定	
Ex. 120		

UNITÉ 3

Ex. 69 代名詞の語順	p. 30	Ex. 121 直説法半過去	p. 48
Ex. 70	p. 31	Ex. 122	p. 48
Ex. 71	p. 31	Ex. 123	p. 48
Ex. 72	p. 31	Ex. 124	p. 48
Ex. 73	p. 31	Ex. 125 直説法大過去	p. 49
Ex. 74 疑問代名詞（人）	p. 32	Ex. 126	p. 49
Ex. 75	p. 32	Ex. 127	p. 49
Ex. 76 疑問代名詞（物）	p. 32	Ex. 128 直説法単純未来	p. 49
Ex. 77	p. 32	Ex. 129	p. 50
Ex. 78 選択の疑問代名詞	p. 33	Ex. 130	p. 50
Ex. 79 関係代名詞（主格）	p. 33	Ex. 131 直説法前未来	p. 50
Ex. 80	p. 33	Ex. 132	p. 50
Ex. 81 関係代名詞（目的格）	p. 34	Ex. 133 条件法現在	p. 51
Ex. 82	p. 34	Ex. 134	p. 51
Ex. 83 指示代名詞＋関係代名詞	p. 34	Ex. 135 条件法過去	p. 51
Ex. 84	p. 34	Ex. 136	p. 51
Ex. 85	p. 34	Ex. 137 接続法現在	p. 52
Ex. 86 前置詞をともなう関係代名詞	p. 35	Ex. 138	p. 52
Ex. 87	p. 35	Ex. 139 接続法過去	p. 52
Ex. 88	p. 35		
Ex. 89 関係代名詞 dont	p. 35		
Ex. 90 関係代名詞 où	p. 36		

UNITÉ 4

Ex. 39 受動態	p. 21		
Ex. 40	p. 21		
Ex. 41	p. 21		
Ex. 42	p. 21		
Ex. 43	p. 22		
Ex. 44	p. 22		
Ex. 45 修飾語としての過去分詞	p. 22		
Ex. 46	p. 22		
Ex. 47 修飾語としての現在分詞	p. 22		

代入用語彙イラスト集 FIGURES p. 53

フランス語の読み方

フランス語を読むときは、ローマ字を読むときにそうするように、子音と母音のセットを作りながらひとつひとつ音をあてていく。以下は、単語が並ぶ文章の状態を図式化したものである。Cは子音ひとつ、Vは母音ひとつを表している。音節の切り方、音のあて方、読むうえでのいくつかの規則を、吹き出しにて示す。

```
V  CV  │  CV  CV  CVC  │  CVC  CVC  │  VC  CVC s  │  CV  CVC  │  CVC  e s n t  │  CVC  C
                                                      動詞
```

語頭から順に、一子音＋一母音のセット（音節という）を作ってゆき、それぞれを音に変換。

最後に残った子音は、直前の音節に組み込む。

子音が二つ連続するときはその間で切る。ただし、tr, bl など、三番目がrかlのときは切り離してはならない。

母音で始まる語は、直前に子音（つまり前の語の語末子音）があればこれを取り込み、音節をつくろうとする。本来読まない語末子音を取り込む現象をアンシェヌマンといい、読む語末はザ行、dのリエゾンはタ行、fのリエゾンはヴァ行、sのリエゾンはザ行となる。リエゾンは主語代名詞と動詞、冠詞と名詞など、結びつきの強い語の間で行うが、いくつか禁則がある（代表的なものは主語名詞と動詞の間）。

複数形のsは発音せず、音節にも関与しない。

動詞の活用語尾 -es（-er 型規則動詞直説法現在二人称単数語尾、および、不規則動詞における二人称単数語尾の一、三人称単数語尾の一、-dre 型の不規則動詞（三人称複数形）の s と、語尾 -ent（三人称複数語尾）の nt は発音せず、音節にも関与しない。二人称語尾 -ds も同様。

子音（行）＋母音（段）

	a (ア)	i (イ)	u (ユ)	o (オ)
単字音	e	アクセント記号がついているとき、CVC型の音節（＝閉音節）のとき（無音**）：CV型の音節（＝開音節）のとき	an, am（鼻にかかったアン）	
	y	(iと同じ。ただし他の母音の前後ではiiに置きかえて読む)	en, em（同上）	
複字音	ai (エ)	in, im (イのロにしてアン)		
	au, eau (オ)	ain, aim, ein (同上)		
	ou (丸いウのウ)	un, um (丸いロにしてアン)		
	eu (開き口のウ)	on, om (鼻にかかったオン)		
	oi (オワ)			

子音（行）

t (タ行)	ç (サ行)
n (ナ行)	h (無音)
m (マ行)	c (+a, u, o: カ行) (+i, e: サ行)
r (ら行*)	g (+a, u, o: ガ行) (+i, e: ジャ行)
l (ラ行)	s (サ行。母音間でザ行)
p (パ行)	
b (バ行)	
j (ジャ行)	
複字音 qu (カ行)	
ch (シャ行)	
gn (ニャ行)	
ill (イユ)	

* フランス語のrは、喉の奥をこするような独特の音である。本書では、日本語のラ行に近い音であるlと区別するため、ひらがなで表してある。子音を響かせ支える役目の母音である。軽くヶ段に発音するとよいと考えている。

** 語のラ行に近い音であるlと区別するため、ひらがなで表してある。子音を響かせ支える役目の母音である。軽くヶ段に発音するとよい。

6

§1 名詞の操作

人や事物の名称を表す語が名詞である。個体を識別するための固有名詞とカテゴリーを表す普通名詞がある。普通名詞を用いるさい、フランス語では，

① 複数の人物・事物を表すとき，名詞を複数形にする
② 話題の人物・事物に付与するニュアンスに応じて，名詞の前に限定辞（冠詞など）を添える

という二つの操作が要求される。

このセクションは，そうした名詞の単数⇔複数の変換，および限定辞の選択に慣れるための練習である。

❶ 限定辞の種類と形態

*⊕のマークは母音で始まる語が後に続くことを表す

	男性単数名詞に	女性単数名詞に	複数名詞に
① 不定冠詞	un	une	des
② 定冠詞	le (l' ⊕)*	la (l' ⊕)	les
③ 部分冠詞	du (de l' ⊕)	de la (de l' ⊕)	
④ 指示形容詞	ce (cet ⊕)	cette	ces
⑤ 所有形容詞 私の〜	mon	ma (mon ⊕)	mes
君の〜	ton	ta (ton ⊕)	tes
彼／彼女の〜	son	sa (son ⊕)	ses
私たちの〜	notre	notre	nos
あなた(たち)の〜	votre	votre	vos
彼ら／彼女らの〜	leur	leur	leurs

❷ 名詞の複数形の作り方

	単数形 (辞書の見出し語の形)	複数形
原則 ex.	(―――) sac chaise	(―――)**s** sacs chaises
注意すべき名詞 ex.	(―――eau) oiseau	(―――eau)**x** oiseaux
ex.	(―――al) hôpital	(―――au)**x** hôpitaux
ex.	(―――s) fois	(―――s) fois

(参考) 基数詞

1 un / une	6 six	11 onze	16 seize
2 deux	7 sept	12 douze	17 dix-sept
3 trois	8 huit	13 treize	18 dix-huit
4 quatre	9 neuf	14 quatorze	19 dix-neuf
5 cinq	10 dix	15 quinze	20 vingt

21 vingt et un / une	30 trente	80 quatre-vingts
22 vingt-deux	40 quarante	90 quatre-vingt-dix
23 vingt-trois	50 cinquante	100 cent
24 vingt-quatre	60 soixante	
etc.	70 soixante-dix	

NIVEAU 1

Ex. 番号	使用 FIGURE 番号	例文	例文日本語訳	表現メモ	関連項目
練習事項	代入イラスト No.（その他の指示）				
Ex. 1 [☞表] 不定冠詞 1 [☞表] ❶① 名詞の複数形 1 [☞表] ❷	**FIGURE 1** 0 (1つの) 2 (1つの) 3 (いくつかの) 4 (いくつかの) 1 (1つの) 6 (いくつかの) 7 (1つの) 8 (1つの) 9 (いくつかの) 5 (1つの)	C'est un stylo. _{セ タン スティロ}	これはペンである ・「これは〜である」： 単数のとき：C'est —／複数のとき：Ce sont — ・話題の事物が複数のとき，名詞も複数形にする。 ・初めて話題にされる事物や，任意の一個体，数個体という意味合いの事物を表すとき，名詞には不定冠詞をつける。	
Ex. 2 [☞表] 不定冠詞 2 [☞表] ❶① 名詞の複数形 2 [☞表] ❷	**FIGURE 2** 0 (1つの) 2 (1つの) 3 (いくつかの) 4 (いくつかの) 1 (1つの) 6 (いくつかの) 7 (1つの) 8 (いくつかの) 9 (1つの) 5 (1つの)	Il y a un cinéma dans le quartier. _{イリヤ アン スィネマ ダン ル カルティエ}	町内に映画館がある ・「〜がある」：il y a — ・場所の前置詞 dans（英語の in）	
Ex. 3 [☞表] 部分冠詞 1 [☞表] ❶③	**FIGURE 4** (1–7) 0 (–) 1 (–) 2 (–) 3 (–) 4 (–) 5 (–) 6 (–) 7 (–)	Je prends du vin. _{ジュ プラン デュ ヴァン}	私はワインを摂る ・「私は〜を摂る」：je prends — ・液体や食材といった，数えられないものを表す名詞には部分冠詞をつける。	
Ex. 4 [☞表] 部分冠詞 2 [☞表] ❶③	**FIGURE 4** (8–14) 8 (–) 9 (–) 10 (–) 11 (–) 12 (–) 13 (–) 14 (–)	Je fais du ski. _{ジュ フェ デュ スキ}	私はスキーをする ・「私は（趣味など）をする」：je fais —（部分冠詞とともに）	

9

Ex. 5 定冠詞 1
☞ 表❶②

FIGURE 1

0 (-) C'est le stylo de Marie.
1 (単数) 2 (単数) 3 (複数) 4 (複数)
5 (単数) 6 (複数) 7 (単数) 8 (複数) 9 (単数)

これはマリーのペンである
- 話題となっている名詞を限定するような表現（前置詞句など）を伴うとき、その名詞には定冠詞をつける。
- 起点・帰属を表す前置詞 de（英語の of, from）（母音の前で d'）

Ex. 6 定冠詞 2
☞ 表❶②

FIGURE 2

0 (-) J'entre dans le cinéma.
1 (-) 2 (-) 3 (-) 4 (-)
5 (-) 6 (-) 7 (-) 8 (-) 9 (-)

私は映画館に入る
- 「私は〜に入る」: j'entre dans —
- 町にある施設など、見慣れた事物を表すときには定冠詞をつける。

Ex. 7 定冠詞 3
☞ 表❶③

FIGURE 4

0 (-) J'aime le vin.
1 (-) 2 (-) 3 (-) 4 (-) 5 (-) 6 (-) 7 (-)
8 (-) 9 (-) 10 (-) 11 (-) 12 (-) 13 (-) 14 (-)

私はワインが好きである
- 「私は〜を好む」: j'aime —
- 「〜を好む」のように、ひとつのカテゴリーの事物全般が問題になる場合、冠詞は定冠詞を用いる。このとき、可算名詞であれば複数形、不可算名詞であれば単数形にする。

Ex. 8 指示形容詞
☞ 表❶④

0 (-) Regardez ce stylo !
1 (単数) 2 (単数) 3 (複数) 4 (単数)
5 (単数) 6 (複数) 7 (単数) 8 (複数) 9 (単数)

このペンを見て下さい
- 「〜を見て下さい」: Regardez —
- ある個体を強く限定して指し示すとき、その名詞には指示形容詞をつける。

Ex. 9 所有形容詞 1
☞ 表❶⑤

FIGURE 3

0 (-) （関係・名前）
0 (-) Voilà mon ami Nicolas.
3 (-) 4 (-) 3&4 (-) 5 (-) 5&6 (-) 7 (-)

ほら、これが私の友人ニコラである
- 提示の表現: Voilà —
- 事物の所有者を代名詞で表すとき、その名詞には所有形容詞をつける。

10

NIVEAU 2

Ex. 10 所有形容詞 2
☞ 表 ❶ ⑤

FIGURE 1

0 (私の／単数) **C'est mon stylo.**

1 (私の／単数) **2** (君の／単数) **3** (彼の／複数) **4** (彼女の／単数)
5 (私達の／単数) **6** (あなた達の／複数) **7** (彼らの／複数)
8 (彼女らの／複数) **9** (私の／複数)

これは私のペンである

Ex. 92
Ex. 102

Ex. 11 否定の de 1

FIGURE 1

(私: **0**○ **2**× **4**×) **J'ai un stylo, mais je n'ai pas de livre.**

(私: **1**○ **2**× **3**×) (君の／単数: **6**○ **7**×) (彼: **3**○ **4**× **5**×)
(私達: **5**○ **6**×) (あなた達: **6**○ **7** ○ **8**× **9**×) (彼ら: **7**○ **8**○ **9**×)

私はペンを持っているが本は持っていない
・「〜を持つ」: avoir＋直接目的
・「ひとつも〜ない」という否定のニュアンスを表すとき、不定冠詞と部分冠詞は de (母音の前では d') に置き換わる。

Ex. 28

Ex. 12 否定の de 2

FIGURE 4 (1-7)

(私: **0**○ **2**×) **Je prends du vin, mais je ne prends pas de bière.**

(私: **1**○ **2**× **3**○ **4**× **5**×)
(私達: **5**○ **6**×) (彼女: **4**○ **5**×)
(彼女ら: **1**○ **2**×)

私はワインは摂るがビールは摂らない
・「〜を摂る」: prendre＋直接目的

Ex. 97

Ex. 13 不定冠詞 des の細則 1

FIGURE 6 (8-14)

8 (単数) **9** (単数) **C'est un grand vélo.**

8 (複数) **9** (単数) **10** (複数) **11** (単数) **12** (複数) **13** (単数) **14** (複数)

これは大きな自転車である
・不定冠詞 des は、名詞に前置された形容詞の前で de (母音の前では d') に置き換わる。

Ex. 14 不定冠詞 des の細則 2

FIGURE 6 (8–14)

8（単数／私） 9（単数／君） 10（単数／彼） 11（複数／彼女）
12（単数／あなた達） 13（単数／彼） 14（単数／彼ら）

Ex. 29
Ex. 92

Ex. 15 前置詞と定冠詞の縮約 1

FIGURE 2

0（私） J'arrive au cinéma.

1（私は君に） 2（君は私に） 3（彼） 4（彼女）
5（私達） 6（あなた達） 7（彼ら） 8（彼女ら）

私は大きなテーブルを持っている
・「〜を持つ」: avoir＋直接目的

私は映画館に着く
・「〜に着く」: arriver à ―
・前置詞 à は、次に来る名詞に付随する定冠詞 le, les と合体をおこす：
à＋le → au
à＋les → aux

Ex. 96

Ex. 16 前置詞と定冠詞の縮約 2

FIGURE 2

0（私は君に） Je te vois près du cinéma.

1（私は君に） 2（君は私に） 3（彼は私に） 4（彼女は彼に）
5（私は彼女に） 6（あなた達は私達に） 7（彼らは彼女らに）
8（彼女らは彼らに） 9（私は彼らに）

私は映画館の近くで君に会う
・「〜を見る、〜に会う」: voir＋直接目的
・「〜の近く」: près de ―
・前置詞 de は、次に来る名詞に付随する定冠詞 le, les と縮約をおこす：
de＋le → du
de＋les → des

Ex. 97
Ex. 52

Ex. 17 名詞を無冠詞で用いる場合 1

FIGURE 5 （国名）

0（君） Tu vas où ? — Je vais au Portugal.

1（君） 2（彼） 3（彼女） 4（あなた達）
5（彼ら） 6（彼女ら） 7（君） 8（彼） 9（あなた達）

君はどこに行くか？―ポルトガルに行く
・「〜に行く」: aller à ―
・疑問詞 où（英語の where）
・国名は通常、定冠詞を付けて表すが、行き先が女性名詞の国名のとき、前置詞は en を用い、かつ無冠詞で表す。
・二人称による疑問文には一人称で答える。

Ex. 93

12

FIGURE 5 (国名)

0 (君) **Tu viens d'où ? — Je viens du Portugal.**
チュ ヴィヤン ドゥ ジュ ヴィヤン デュ ポルチュガル

1 (私) **2** (君) **3** (彼) **4** (あなた達)
5 (彼ら) **6** (彼) **7** (彼女) **8** (あなた) **9** (彼)

君はどこの出身か？―ポルトガル出身だ
・「〜から来る」: venir de＋名詞
・起点が女性名詞の国名のとき、無冠詞で表す.

Ex. 94

FIGURE 1

0 (私) **J'ai beaucoup de stylos chez moi.**
ジェ ボク ドゥ スティロ シェ モワ

1 (私) **2** (君) **3** (彼) **4** (彼女)
5 (私達) **6** (あなた達) **7** (彼ら) **8** (彼女ら) **9** (私)

私はうちに多くのペンを持っている
・「〜を持つ」: avoir＋直接目的
・「たくさんの〜」: beaucoup de＋名詞 (無冠詞)
このように、量の多寡を表す語はしばしば de を介して名詞と結びつくが、そのとき名詞は冠詞をとらない.
・「〜の家に」: chez＋人 (人称代名詞の場合は強勢形)

Ex. 50
Ex. 51
Ex. 92

FIGURE 6 (1–7)

0 (私 1ℓ / 君) **Je consomme un litre de vin par semaine,**
ジュ コンソム アン リトル ドゥ ヴァン パル スメヌ
mais tu en consommes peu.
メ チュ アン コンソム プ

1 (私 1ℓ / 君) **2** (君 3ℓ / 私) **3** (彼 2kg / 彼女) **4** (彼女 1kg / 彼)
5 (私達 2kg / あなた達) **6** (あなた達 1kg / 私達) **7** (彼ら 7ℓ / 彼女ら)

私は週に 1ℓ のワインを消費するが、君はそれをほとんど消費しない
・「消費する」: consommer
・かさ・重量を表す表現＋de＋名詞 (無冠詞) で、数えられない名詞の量を明示することができる.
・「わずかの〜 (しか〜でない)」: peu de＋名詞 (無冠詞)

Ex. 56
Ex. 96

Ex. 18 名詞を無冠詞で用いる場合 2

Ex. 19 名詞を無冠詞で用いる場合 3

Ex. 20 名詞を無冠詞で用いる場合 4 (ザ)表 (参考)

13

§2 形容詞の操作

ここでは人物・事物の状態や様子を説明する語（形容詞をはじめ、受動の意味での過去分詞など）の操作を練習する。その基本は、修飾する名詞の性別や数に合わせて修飾語の語尾に変更を加え、その名詞との結びつきを表すことである。

❶ 形容詞の変化の規則

(辞書の見出し語の形)

	男性単数名詞を修飾するとき	女性単数名詞を修飾するとき	女性複数名詞を修飾するとき
原則	(―――) grand petit	(―――) **s** grands petits	(―――) **e** grande petite	(―――) **es** grandes petites

注意すべき形容詞

ex. (―――s) 型 japonais	(―――s) japonais	(―――s) **e** japonaise	(―――s) **es** japonaises
ex. (―――e) 型 modeste	(―――e) **s** modestes	(―――e) modeste	(―――e) **s** modestes
ex. (―――eux) 型 heureux	(―――eux) heureux	(―――eus) **e** heureuse	(―――eus) **es** heureuses
ex. (―――l) 型 gentil	(―――l) **s** gentils	(―――l) **le** gentille	(―――l) **les** gentilles
ex. (―――er) 型 familier	(―――er) **s** familiers	(―――èr) **e** familière	(―――èr) **es** familières

> 鼻母音で終わる形容詞の女性形も-l型と同じように語末の子音字を重ねて女性形を作る。
> bon → **bonne**
> italien → **italienne**

❷ 特別な変化をする形容詞

男性単数	男性複数	女性単数	女性複数
beau (母音の前で bel)	beaux	belle	belles
nouveau (母音の前で nouvel)	nouveaux	nouvelle	nouvelles
vieux (母音の前で vieil)	vieux	vieille	vieilles

❸ 疑問形容詞 quel

男性単数	男性複数	女性単数	女性複数
quel	**quels**	**quelle**	**quelles**

16

NIVEAU 1

Ex. 番号	使用 FIGURE 番号	例文	例文日本語訳	関連項目
練習事項	代入イラスト No.（その他の指示）		表現メモ	

Ex. 21 形容詞の性数一致（属詞）1
☞ 表 ❶

FIGURE 5　（国籍）
0（男性）**Je suis portugais.**
　　　　　　　ジュ スュイ ポルチュガ ザ
1（男性）**2**（女性）**3**（女性）**4**（男性）
5（女性）**6**（男性）**7**（男性）**8**（女性）**9**（女性）

私はポルトガル人である

・「私は～である」：je suis + 形容詞
・形容詞は、être（英語の be 動詞にあたる）の属詞として、主語の状態や様子を説明することができる。このとき、主語が男性か女性か、単数か複数かに合わせて、形容詞の語尾を変える。

Ex. 1
Ex. 5

Ex. 22 形容詞の性数一致（属詞）2
☞ 表 ❶

FIGURE 6　（1–7）
0（Paul）**Paul est sage.**
　　　　　　　ポール エ サージュ
1（Julien）**2**（Marie）**3**（Paul et Julien）**4**（Paul et Marie）
5（Marie et Hélène）**6**（Julien）**7**（Marie）

ポールは利口である

・「～は～である」：
主語が三人称単数のとき：主語＋est＋形容詞
主語が三人称複数のとき：主語＋sont＋形容詞
・形容詞すべき名詞が男女混合の場合、形容詞は男性複数となる。

Ex. 23 形容詞の性数一致する名詞の性数一致（属詞）
☞ 表 ❶

FIGURE 5　（職業）
0（Paul）**Paul est étudiant.**
　　　　　　　ポール エ デテュディアン
1（Ken）**2**（Marie）**3**（Christine et Virginia）**4**（Jackie et Maggie）
5（George et Thomas）**6**（Pablo）**7**（Marco）**8**（私（女性））
9（私（男性））

ポールは学生である

・職業名など人物の属性を表す名詞は、être の属詞として用いられるとき、しばしば形容詞と同じように主語の性・数に応じて変化し、冠詞もともなわない。ただし、médecin や professeur のように女性形を持たないものや、acteur/actrice のように特別な女性形を持つものもあるので注意。

Ex. 24 形容詞の性数一致（属詞）3
☞ 表 ❶

FIGURE 1
0（単数）**C'est un stylo. Le stylo est grand.**
　　　　　　　セ タン スティロ　ル スティロ エ グラン
1（単数）**2**（単数）**3**（複数）**4**（複数）
5（単数）**6**（複数）**7**（単数）**8**（単数）
9（複数）

これはペンである。そのペンは大きい

・フランス語では物体を表す名詞にも性別があり、これを形容する語もその性・数に合わせて語尾を変える。

Ex. 1
Ex. 5

17

Ex. 25 形容詞の性数一致(属詞)

FIGURE 6 (8–14)
Le vélo est grand.

8 (単数) 9 (単数)
10 (複数) 11 (単数) 12 (複数) 13 (単数) 14 (複数)

→ 表 ❶

その自転車は大きい
・よく使われる形容詞には、不規則な変化をするものがあるので注意。

Ex. 5

Ex. 26 形容詞の性数一致(属詞)

FIGURE 6 (8–14)
La table est grande.

8 (単数) 9 (単数)
10 (複数) 11 (単数) 12 (複数) 13 (単数) 14 (複数)

→ 表 ❷

そのテーブルは大きい

Ex. 5

Ex. 27 形容詞の性数一致(付加形容詞) 1

FIGURE 5 (国籍・職業)
0 (Francisco) 2 (Marie) 3 (Christine et Virginia)
1 (Ken) 5 (George et Thomas) 4 (Jackie et Maggie)
6 (Pablo) 7 (Marco) 8 私(女性)
9 私(男性)

Francisco est un étudiant portugais.

フランシスコはポルトガル人学生である
・形容詞は動詞をかさず直接名詞に付加し、その名詞を修飾することができる。形容詞は原則として名詞の後に置く。
・職業などの人物の属性を表す名詞は、être の属詞として用いられるとき不定冠詞をとらないが、形容詞がつくときは一般の名詞と同じように不定冠詞をとる。

Ex. 1

Ex. 28 形容詞の性数一致(付加形容詞) 2

FIGURE 6 (8–14)
Regardez ce grand vélo !

8 (単数) 9 (単数)
10 (複数) 11 (単数) 12 (複数) 13 (単数) 14 (複数)

→ 表 ❶

この大きな自転車を見てください
・「〜を見て下さい」: Regardez —
・よく使われる形容詞の中には、名詞の前に置くものがあるので注意。(FIGURE 6 では、8. grand, 9. petit, 10. nouveau, 11. vieux, 12. beau が名詞の前につく)

Ex. 29 形容詞の性数一致(付加形容詞) 3

FIGURE 6 (8–14)
J'adore cette grande table.

8 (単数) 9 (単数)
10 (複数) 11 (単数) 12 (複数) 13 (単数) 14 (複数)

→ 表 ❷

私はこの大きなテーブルが大好きだ
・「私は〜が大好きである」: j'adore —

18

NIVEAU 2

Ex. 30 比較級 1

FIGURE 6 (1–7)

Paul est plus sage que Julien.
（ポール プリュ サージュ ク ジュリヤン）

0 (Paul > Julien)
1 (Julien > Paul)　2 (Marie > Hélène)　3 (Paul et Julien > Marie et Hélène)
4 (Paul et Marie > Julien et Hélène)　5 (Marie et Hélène > Paul et Julien)
6 私 (男性) > 君 (女性)　7 君 (女性) > 私 (男性)

・「〜よりもいっそう〜である」：
plus＋形容詞＋que＋比較対象
（英語の more — than — にあたる）
・que 以下が人称代名詞の場合、強勢形を用いる。
また、母音で始まる語の前で qu' となる。

Ex. 50
Ex. 91

Ex. 31 比較級 2

FIGURE 4 (1–7)

Ce vin-ci est moins bon que ce vin-là.
（ス ヴァン スィ エ モワン ボン ク ス ヴァン ラ）

0 (−)　1 (−)　2 (−)　3 (−)　4 (−)　5 (−)　6 (−)　7 (−)

このワインはあのワインより美味でない
・「〜より〜でない」：
moins＋形容詞＋que＋比較対象
（英語の less — than — にあたる）
・同じカテゴリーの二つの事物を区別するとき、近くにあるものを指示形容詞＋名詞 -ci、遠くにあるものを指示形容詞＋名詞 -là と表す。

Ex. 8

Ex. 32 特別な比較級

FIGURE 5 (1, 2, 4–8) (国籍)

Paul est meilleur que Julien en portugais.
（ポール エ メイユール ク ジュリヤン アン ポルチュゲ）

0 (Paul > Julien)
1 (Julien > Paul)　2 (Marie > Hélène)
4 (Paul et Marie > Julien et Hélène)　5 (Marie et Hélène > Paul et Julien)
6 私 (男性) > 君 (女性)　7 君 (女性) > 私 (男性)　8 (彼 > 彼女)

ポールはジュリアンよりポルトガル語がうまい
・「(科目など) において優れている」：
être bon en＋無冠詞名詞で
・bon の優等比較級は meilleur。（英語の better にあたる）

Ex. 50
Ex. 91

Ex. 33 同等比較

FIGURE 6 (1–7)

Paul est aussi sage que Julien.
（ポール エ オスィ サージュ ク ジュリヤン）

0 (Paul = Julien)
1 (Julien = Paul)　2 (Marie = Hélène)　3 (Paul et Julien = Marie et Hélène)
4 (Paul et Marie = Julien et Hélène)　5 (Marie et Hélène = Paul et Julien)
6 私 (男性) = 君 (女性)　7 君 (女性) = 私 (男性)

ポールはジュリアンと同じくらい利口だ
・「〜と同じに〜である」：
aussi＋形容詞＋que＋比較対象
（英語の as — as — にあたる）

Ex. 50
Ex. 91

Ex. 34 最上級 1

Mon père est le plus intelligent de ma famille.
モン ペール エ ル プリュ ザンテリジャン ドゥ マ ファミーユ

・父は私の家族の中で一番知的である
・定冠詞＋plus＋形容詞＋de＋集合を表す名詞
（英語の the most — of — にあたる）

Ex. 5
Ex. 9
Ex. 91

Ex. 35 最上級 2

Ce stylo est le moins cher de la boutique.
ス スティロ エ ル モワン シェル ドゥ ラ ブティック

・このペンは店の中で最も高価でない
・定冠詞＋moins＋形容詞
（英語の the least — にあたる）

Ex. 5
Ex. 91

Ex. 36 副詞による程度の表し方 1

Ce stylo est assez joli pour me plaire.
ス スティロ エ タセ ジョリ プル ム プレール

・このペンは私の気に入るに十分なだけ素敵である
・「〜するに十分〜である，十分〜なので〜できる」：
assez＋形容詞＋pour＋動詞の不定詞
・「〜の気に入る」：plaire＋間接目的

Ex. 8
Ex. 91

Ex. 37 副詞による程度の表し方 2

Paul est trop sage pour faire une telle bêtise.
ポル エ トロ サージュ プル フェール ユヌ テル ベティーズ

・ポールは，そんな愚かなことをするにはあまりに利口である
・「〜するにはあまりに〜である，あまりに〜なので〜できない」：trop＋形容詞＋pour＋動詞の不定詞
・「〜の気に入る」：plaire＋間接目的

Ex. 8
Ex. 91

Ex. 38 疑問形容詞

Quel stylo choisis-tu?
ケル スティロ ショワズィ チュ

・どのペンを君は選ぶか？
・同じカテゴリーの中から特定の個体を選ばせるための疑問詞が quel であり，名詞の性・数に応じて一般の形容詞と同じ変化をする．
・「〜を選ぶ」：choisir＋直接目的（☞ §4 表 ❸ ⑭ と同型）

Ex. 97

FIGURE 3 （関係）

3 (−) 4 (−) 3&4 (−) 5 (−) 5&6 (−) 1 (−)
7 (−)

FIGURE 1 （1−7）

0 （単数） 1 （単数） 2 （単数） 3 （複数） 4 （複数）
5 （単数） 6 （単数） 7 （複数）

FIGURE 6 （1−7）

0 (Paul) 1 (Julien) 2 (Marie) 3 (Paul et Julien) 4 (Paul et Marie)
5 (Marie et Hélène) 6 （私／男性） 7 （君／女性）

FIGURE 1

0 （単数／君） 1 （単数／君） 2 （単数／彼） 3 （複数／彼） 4 （複数／あなた達）
5 （単数／彼ら） 6 （単数／彼女） 7 （複数／君） 8 （単数／彼）
9 （複数／あなた達）

NIVEAU 3

Ex. 39 受動態1

FIGURE 3 (名前)

0 (-) La chaleur épuise Nicolas. / Nicolas est épuisé par la chaleur.
1 (-) **2** (-) **3** (-) **4** (-) **1&2** (-) **3&4** (-) **5&6** (-)

- 暑さがニコラをぐったりさせる／ニコラは暑さでぐったりしている
- 「〜を消耗させる」：épuiser＋直接目的
- 動詞 être＋過去分詞で受け身を表すことができる。その受け身、過去分詞は主語の性・数に合わせて、形容詞と同じ操作を行ないます。行為者は、par＋名詞、de＋名詞で表す。

Ex. 52
Ex. 91
Ex. 95
Ex. 112

Ex. 40 受動態2

FIGURE 3 (名前)

0 (-) Tout le monde aime Nicolas. / Nicolas est aimé de tout le monde.
1 (-) **2** (-) **3** (-) **4** (-) **1&2** (-) **0&2** (-) **3&4** (-) **5&6** (-)

- みんながニコラを愛している／ニコラはみんなに愛されている
- 「〜を愛する」：aimer＋直接目的

Ex. 112
Ex. 91
Ex. 96
Ex. 114

Ex. 41 受動態3

FIGURE 3 (名前)

0 (-) Ce spectacle a impressionné Nicolas. / Nicolas a été impressionné par ce spectacle.
1 (-) **2** (-) **3** (-) **4** (-) **1&2** (-) **0&2** (-) **3&4** (-) **5&6** (-)

- その光景はニコラに感銘を及ぼした／ニコラはその光景によって感銘を受けた
- 「〜の心をうつ」：impressionner＋直接目的
- 受動態の複合過去は、être の複合過去＋過去分詞で作る。(être 過去分詞 ☞ §4 表 ❸ (1) (1))

Ex. 115
Ex. 117

Ex. 42 受動態4

FIGURE 2

0 (-) Le cinéma a été reconstruit après la guerre.
1 (単数) **2** (単数) **3** (複数) **4** (複数) **5** (単数) **6** (単数) **7** (複数) **8** (複数) **9** (単数)

- その映画館は戦後に再建された
- 「〜を再建する」：reconstruire＋直接目的 (reconstruire 過去分詞 ☞ §4 表 ❸ (⑦と同型)
- 受動態では行為者を示さないことも多い。

Ex. 6
Ex. 115

21

Ex. 43 受動態 5

FIGURE 1 (1–7)
Le stylo était couvert de poussière.
ル スティロ エテ クヴェール ドゥ プスィエール

0 (単数) 1 (単数) 2 (単数) 3 (単数) 4 (複数)
5 (単数) 6 (単数) 7 (複数)

そのペンはほこりに覆われていた

- 「〜を覆う」: couvrir 過去分詞 (couvrir 過去分詞 ☞ §4 表 ❸ ⑱)
- 過去における受け身の状態を表すとき、être の半過去＋過去分詞でつくる。
- de で導かれる行為者が物質名詞のとき、冠詞はとらない。

Ex. 5
Ex. 121

Ex. 44 修飾語としての過去分詞 1

FIGURE 1 (1–7)
C'est un stylo fabriqué en France.
セ タン スティロ ファブリケ アン フランス

0 (単数) 1 (単数) 2 (単数) 3 (複数) 4 (複数)
5 (単数) 6 (単数) 7 (単数)

これはフランスで製造されたペンである

- 「〜を製造する」: fabriquer＋直接目的
- 過去分詞は名詞に直接付加し、それがある行為の作用を受けた状態であることを表すことができる。操作は形容詞と同じ。

Ex. 1
Ex. 112

Ex. 45 修飾語としての過去分詞 2

FIGURE 2
Regardez le cinéma bâti sur la colline!
ルガルデ ル スィネマ バティ スュル ラ コリーヌ

0 (–) 1 (–) 2 (–) 3 (–) 4 (–)
5 (–) 6 (–) 7 (–) 8 (–) 9 (–)

丘の上に建てられている映画館を見て下さい！

- 「〜を見て下さい」: Regardez...!
- 「〜を建てる」: bâtir＋直接目的
  (bâtir 過去分詞 ☞ §4 表 ❸ ⑭と同型)
- 前置詞 sur (英語の on)

Ex. 6

Ex. 46 修飾語としての過去分詞 3

FIGURE 3 (関係)
J'ai encouragé mon ami profondément blessé.
ジェ アンクラジェ モナミ プロフォンデマン ブレセ

0 (–) 1 (–) 2 (–)
3 (–) 4 (–)
3&4 (–) 3&7 (–) 5&6 (–) 7 (–)

私は深く傷ついた友人を励ました

- 「〜を励ます」: encourager＋直接目的
- 「〜を傷つける」: blesser＋直接目的

Ex. 9
Ex. 112

Ex. 47 修飾語としての現在分詞

FIGURE 7
J'ai vu la fille parlant avec des amis.
ジェ ヴュ ラ フィーユ パルラン アヴェック デザミ

0 (私) 1 (私) 2 (君) 3 (彼) 4 (彼女)
5 (私達) 6 (あなた達) 7 (彼ら) 8 (彼女ら) 9 (私)

私は友達と話している少女を見た

- 「〜を見る、〜に会う」: voir＋直接目的 (☞ §4 表 ❸ ⑮)
- 現在分詞は名詞に直接付加し、これがある行為を行っている最中であることを表すことができる。現在分詞の位置は形容詞と同じく、修飾すべき名詞の後ろだが、それに合わせた性・数一致は行わない。

Ex. 109
Ex. 115

22

§3 代名詞の操作

名前をいちいち言わずに人や物を指し示す言葉，それが代名詞である．

代名詞は，話者＝「私」とこれをとりまく人物・事物との関係（「人称」）やその性・数，文章中における機能（主格，目的格などの「格」）などに応じて，さまざまな形態を持つ．

ここでは，そうした代名詞の種類と使い分けを練習する．

❶ 人称代名詞

*⑲のマークは母音で始まる語が後に続くことを表す

	①主格	②直接目的格 (名詞のとき、前置詞を介さずに動詞と結びつく目的語)	③間接目的格 (名詞のとき、前置詞àを介して動詞と結びつく目的語)	④強勢形 (呼びかけや前置詞の後で用いる形)
一人称単数 (話者)「私」	je (j'⑲)	me (m'⑲)	me (m'⑲)	moi
二人称単数 (対話者)「君」	tu	te (t'⑲)	te (t'⑲)	toi
三人称単数 (話者・対話者以外の人物)「彼」(男性)	il	主語とは別人 le (l'⑲) / 主語と同一人物 se (s'⑲)	主語とは別人 lui / 主語と同一人物 se (s'⑲)	lui
三人称単数 (話者・対話者以外の人物)「彼女」	elle	主語とは別人 la (l'⑲) / 主語と同一人物 se (s'⑲)	主語とは別人 lui / 主語と同一人物 se (s'⑲)	elle
一人称複数 (話者を含む集団)「私達」	nous	nous	nous	nous
二人称複数 (対話者を含む集団)「あなた達」**	vous	vous	vous	vous
三人称複数 (話者・対話者以外の集団)「彼ら」(男性含む)	ils	主語とは別人 les / 主語と同一人物 se (s'⑲)	主語とは別人 leur / 主語と同一人物 se (s'⑲)	eux
三人称複数 (話者・対話者以外の集団)「彼女ら」(女性のみ)	elles	主語とは別人 les / 主語と同一人物 se (s'⑲)	主語とは別人 leur / 主語と同一人物 se (s'⑲)	elles

**vousはしばしば二人称単数の人物を指す敬称として用いられる。

❷ 中性代名詞

① de + 名詞を指して
en

② à + 名詞を指して
y

③ 形容詞や文章全体など、漠然としたことがらを指して
le

❸ 指示代名詞

	男性名詞を指して	女性名詞を指して
単数	celui	celle
複数	ceux	celles

24

❹ 所有代名詞

	男性単数名詞を指して「それ」	男性複数名詞を指して「それら」	女性単数名詞を指して「それ」	女性複数名詞を指して「それら」
私の〜	le mien	les miens	la mienne	les miennes
君の〜	le tien	les tiens	la tienne	les tiennes
彼の〜／彼女の〜	le sien	les siens	la sienne	les siennes
私達の〜	le nôtre	les nôtres	la nôtre	les nôtres
あなた達の〜	le vôtre	les vôtres	la vôtre	les vôtres
彼らの〜／彼女らの〜	le leur	les leurs	la leur	les leurs

❺ 疑問代名詞

	①主格（行為の主体を尋ねる）	②目的格（行為を及ぼす対象を尋ねる）	③選択の疑問詞「どれが／を〜するか？」
人について	「誰が〜するか？」 Qui — ? Qui est-ce qui — ?	「誰を〜するか？」 — qui ? Qui est-ce que (qu') — ? Qui — ?	男性名詞単数 **lequel**
物について	「何が〜するか？」 Qu'est-ce qui — ?	「何を〜するか？」 — quoi ? Qu'est-ce que (qu') — ? Que (Qu') — ?	男性名詞複数 **lesquels**
			女性名詞単数 **laquelle**
			女性名詞複数 **lesquelles**

❻ 関係代名詞

	先行詞が人	先行詞が物
①関係節において主格	qui	qui
②関係節において目的格	que (qu')	que (qu')
③前置詞の目的語として	qui	男性単数名詞を受けて **lequel** 男性複数名詞を受けて **lesquels** 女性単数名詞を受けて **laquelle** 女性複数名詞を受けて **lesquelles**

25

Ex. 番号	練習事項	使用 FIGURE 番号 代入イラスト No.（その他の指示）	例文	例文日本語訳 表現メモ	関連項目

NIVEAU 1

Ex. 48
人称代名詞
主格 1
☞表 ❶ ①

FIGURE 3 （人名・関係）

0 (-)
2 (-) 3 (-) 4 (-)
3&4 (-) 5&6 (-) 7 (-) 2&1 (-) 2&0 (-)

Nicolas, il est mon ami.
ニコラ イレ モナミ

ニコラ、彼は私の友人である

・主語の機能を果たす名詞を代名詞で置き換えるとき、人称代名詞主格を用いる。
・一人称、二人称の人物については、名前を用いず、ただちに代名詞で指し示す。

Ex. 9
Ex. 91

Ex. 49
人称代名詞
主格 2
☞表 ❶ ①

FIGURE 1

0 (単数)
1 (単数) 2 (単数) 3 (複数) 4 (複数／彼) 5 (単数／彼)
5 (単数) 6 (複数) 7 (単数) 8 (複数) 9 (単数)

Ce stylo, il est grand.
ス スティロ イレ グラン

このペン、それは大きい

・人称代名詞は人に限らず、物や動植物も指し示す。すなわち、男性名詞なら「彼」、「彼ら」、女性名詞なら「彼女」、「彼女ら」、という具合に呼ぶのである。

Ex. 8
Ex. 91

Ex. 50
人称代名詞
強勢形 1
☞表 ❶ ④

FIGURE 1

0 (-)
1 (単数／君) 2 (単数／君) 3 (複数／彼) 4 (複数／彼女) 5 (単数／私達)
6 (複数／あなた達) 7 (単数) 8 (複数／彼) 9 (単数／彼)

Ce stylo est à qui ? — Il est à moi.
ス スティロ エ タ キ イ レ タ モワ

このペンは誰のものか？——それは私のものである

・「〜の所有物である」: être à + 人
・人称代名詞は前置詞とともに用いるとき、強勢形をとる。
・疑問詞 qui（英語の who）

Ex. 8
Ex. 24
Ex. 91

Ex. 51
人称代名詞
強勢形 2
☞表 ❶ ④

FIGURE 3 （人名）

0 (-)
2 (-) 3 (-) 4 (-) 2&0 (-)
3&4 (-) 5&6 (-) 7 (-)

Je chante avec Nicolas. / Je chante avec lui.
ジュ シャントゥ アヴェク ニコラ ジュ シャントゥ アヴェク リュイ

私はニコラと歌う／私は彼と歌う

・「私は歌う」: je chante
・前置詞 avec（英語の with）

Ex. 8
Ex. 91

Ex. 52
人称代名詞
直接目的格1
☞表❶(②)

FIGURE 3 (人名)

0 (-)
1 (-) **2** (-) **3** (-) **4** (-) **2&0** (-) **3&4** (-) **5&6** (-) **7** (-)

J'écris à Nicolas. / Je lui écris.

私はニコラに会う／私は彼に会う

- 「私は〜を見る、〜に会う」: je vois＋直接目的
- 動詞の直接目的（前置詞を介さずに動作の作用を直接受ける対象を表す語）の機能を果たす名詞を代名詞に置き換えるとき、人称代名詞直接目的格を用い、動詞の前に置く。

Ex. 8

Ex. 53
人称代名詞
直接目的格2
☞表❶(②)

FIGURE 1

0 (-)
1 (-) **2** (-) **3** (単数) **4** (-) **5** (単数) **6** (複数) **7** (単数)

J'adore ce stylo. / Je l'adore.

私はこのペンが大好きである／私はそれが大好きである

- 「私は〜が大好きだ」: j'adore＋直接目的
- 動詞の間接目的（前置詞を介して動詞と結びつく名詞）の機能を果たす名詞を代名詞に置き換えるとき、人称代名詞間接目的格を用い、動詞の前に置く。

Ex. 3

Ex. 54
人称代名詞
間接目的格
☞ §3 ❶ (③)

FIGURE 3 (人名)

0 (-)
1 (単数) **2** (単数) **3** (複数) **4** (-)
5 (単数) **6** (複数) **7** (単数)

J'écris à Nicolas. / Je lui écris.

私はニコラに（手紙を）書く／私は彼に（手紙を）書く

Ex. 55
中性代名詞 1
☞表❷①

FIGURE 4 (1-7)

0 (-)
1 (-) **2** (-) **3** (-) **4** (-) **5** (-) **6** (-) **7** (-)

Je prends du vin. / J'en prends.

私はワインを摂る／私はそれを摂る

- 「私は〜を摂る」: je prends＋名詞
- de＋名詞（部分冠詞＋名詞）をそのひとつでで受けるとき、中性代名詞 en を用い、動詞の前に置く。

Ex. 92

Ex. 56
中性代名詞 2
☞表❷①

FIGURE 1

0 (君／1つ)
1 (君／1つ) **2** (彼／1つ) **3** (彼女／2つ) **4** (君／2つ)
5 (彼ら／2つ) **6** (彼女ら／3つ) **7** (君／4つ) **8** (彼／1つ)
9 (あなた達／2つ)

Tu as combien de stylos ? – J'en ai un.

君は何個のペンを持っているか？ー私は（それを）ひとつ持っている

- 「〜を持つ」: avoir＋直接目的
- 「何個の〜？」: combien de＋名詞（無冠詞）
(de は次に母音がくると d')
- 数詞（☞ §1（参考））

27

NIVEAU 2

FIGURE 5 (首都)

0 (君) Je vais à Lisbonne. / J'y vais.
1 (私) **2** (君) **3** (彼) **4** (私)
5 (私達) **6** (あなた達) **7** (彼ら) **8** (彼女) **9** (彼女ら)

FIGURE 6 (1–7)

0 (私 男性) Je sais que je suis sage. / Je le sais.
1 (私 女性) **2** (君 女性) **3** (彼) **4** (彼女) **5** (私達 男女混合)
6 (あなた達 女性のみ) **7** (彼ら) **1** (彼女ら) **2** (私) **男性**

FIGURE 3 (人称・人名)

0 (1 は 0 を Nico と) Je le couche d'abord, je me couche après.
1 (2 を) **2** (1 を) **3** (7 を) **4** (5 を) **6** (7 を)
1&2 (6&7 を) **2&0** (5&6 を) **3&4** (6&7 を) **5&6** (7 を)

FIGURE 3 (人称・人名)

0 (1 は 0 を Nico と) Il s'appelle Nicolas, et je l'appelle Nico.
1 (2 を) Chéri と) **2** (1 を Lise と) **3** (4 は 3 を Yvon と)
4 (3 は 4 を Annie と) **5** (1&2 は 5 を Cathy と)
6 (2&0 は 6 を Clarice と) **7** (3&4 は 7 を Eddy と)

Ex. 57 中性代名詞 3
(ほ) 表 ❷ (2)

Ex. 58 中性代名詞 4
(ほ) 表 ❷ (3)

Ex. 59 再帰代名詞
(直接目的) 1
(ほ) 表 ❶ (2)

Ex. 60 再帰代名詞
(直接目的) 2
(ほ) 表 ❶ (2)

私はリスボンに行く／私はそこに行く
・「〜に行く」：aller à 〜
・à＋名詞を代名詞で受けるとき、中性代名詞 y を用い、動詞の前に置く。

私が利口であることを私は知っている／私はそれを知っている
・「〜ということを知っている」：je sais que＋文章
・「私は〜ということを知っている」の文章 (que は次に母音が来ると qu')
・名詞ではないもの (文章や形容詞など) を代名詞で受けるとき、中性代名詞 le を用いる。

まず私は彼を寝かせる。それから私は寝る (＝私自身を寝かせる)
・「寝かせる」：coucher＋直接目的
・目的語と主語と同一人物を指す具合に、自動詞の意味の文章を作ることができる (代名動詞・再帰用法)。

彼はニコラという名前である。そして私は彼をニコと呼ぶ
・「〜を〜と呼ぶ」：appeler 直説法現在活用 (ほ) §4 表 ❷ (2)
(appeler＋直接目的＋名前)
・目的語を主語と同一人物を指すとき、「〜は〜という名前である」という表現になる。

Ex. 93

Ex. 91
Ex. 22
Ex. 95
Ex. 96

Ex. 95
Ex. 96

Ex. 61 再帰代名詞（直接目的）3

Ex. 62 再帰代名詞（間接目的）1 ☞表❶②

Ex. 63 再帰代名詞（間接目的）2 ☞表❶③

Ex. 64 不定代名詞 on

Ex. 65 非人称 il 1

FIGURE 3 （人称）

1 ⇔ 0 (-) 0 ⇔ 2 (-) 3 ⇔ 4 (-) 5 ⇔ 6 (-) 3 ⇔ 7 (-) 1 ⇔ 7 (-)

FIGURE 3

0 （私） *Je l'embrasse. Il m'embrasse.*
ジュ ラン ブラス イル マン ブラス
Nous nous embrassons.
ヌー ヌー ザン ブラ ソン

1 （私）　2 （君）　3 （彼）　4 （彼女）
5 （私達）　6 （あなた達）　7 （彼ら）

私は彼にキスする．彼は私にキスする．私達はキスし合う
・「~にキスする」：embrasser＋直接目的
・代名動詞の人称を複数にすると，互いにその動作を及ぼし合う様子を表すことができる（代名動詞・相互用法）．

Ex. 95
Ex. 96

FIGURE 4 （1-7）

0 （私） *Je lui téléphone. Il me téléphone.*
ジュ リュイ テ レ フォ ヌ イル ム テ レ フォ ヌ
Nous nous téléphonons.
ヌー ヌー テ レ フォ ノン

1 （私）　2 （君）　3 （彼）　4 （彼女）
5 （私達）　6 （あなた達）　7 （彼ら）

私は彼に電話する．彼は私に電話する．私達は電話し合う
・「~に電話する」：téléphoner＋間接目的

Ex. 95
Ex. 96

FIGURE 7

0 （私） *Je me sers du vin.*
ジュ ム セル デュ ヴァン

1 （私）　2 （君）　3 （彼）　4 （彼女）
5 （私達）　6 （あなた達）　7 （彼ら）　1 （彼ら）　2 （私）

私は自分にワインをつぐ
・「~に~（食べ物・飲み物）を給仕する」：
servir＋直接目的＋間接目的
(servir 直説法現在活用 ☞ §4 表 ❸ ⑫ ⑬ と同型)

Ex. 3
Ex. 97

FIGURE 7

0 （私） *Je parle avec des amis. / On parle avec des amis.*
ジュ パルル アヴェック デ ザ ミ オン パルル アヴェック デ ザ ミ

1 （私）　2 （君）　3 （彼）　4 （彼女）
5 （私達）　6 （あなた達）　7 （彼ら）　8 （彼女ら）　9 （私）

Il me faut parler avec des amis.
イル ム フォ パルレ アヴェック デ ザ ミ

私は友達と話す
・不定代名詞 on は，主語の内容を明示しないときに立てる主語代名詞であり，いかなる人称の人物をも指示することができる．ただし動詞は，事実上誰を指すかに関わらず，三人称単数で活用する．

私は友達と話さなければならない
・「~にとって~することが必要である」：
il faut＋間接目的＋動詞の不定詞，il は非人称（形式上の主語）

Ex. 98

29

NIVEAU 3

Ex. 66 非人称 il 2

FIGURE 8

0 (私) Il m'est agréable de boire de la bière.
1 (私) 2 (君) 3 (彼) 4 (彼女)
5 (私շ達) 6 (あなた達) 7 (彼ら) 8 (彼女ら) 9 (私)

- 私にとってビールを飲むことは快い
- 「～にとって～することは～であるؚ」：
  il est 形容詞＋間接目的＋de＋動詞の不定詞
  (il は de 以下の内容を指す仮主語)

Ex. 99

Ex. 67 指示代名詞 ☞表❸

FIGURE 1

0 (単数) Le stylo de Cécile est grand. Et celui de Marie est petit.
1 (単数) 2 (単数) 3 (単数) 4 (単数)
5 (単数) 6 (複数) 7 (単数) 8 (単数)

- セシルのペンは大きい。しかし異なる個体を表す個体指示代名詞（問題となっている名詞を限定するような表現（前置詞句など）とともに用いられる。

Ex. 5
Ex. 24

Ex. 68 所有代名詞 ☞表❹

FIGURE 1

0 (単数／私のもの) Le stylo de Marie est plus grand que le mien.
1 (単数／私のもの) 2 (単数／君のもの) 3 (複数／彼のもの)
4 (複数／別の彼女のもの) 5 (単数／私達のもの) 6 (複数／彼のもの)
7 (複数／彼女たちのもの) 8 (単数／あなた達のもの) 9 (複数／私のもの)

- マリーのペンは私のものよりマリーのそれより大きい。
- 所有形容詞＋名詞をうける代名詞を所有代名詞という。定冠詞とともに用いる。

Ex. 5
Ex. 24
Ex. 30

Ex. 69 代名詞の語順 1

0 (単数／私は彼に) Je lui donne le stylo. / Je le lui donne.
1 (単数／私は君に) 2 (単数／君は私に) 3 (複数／彼は彼に)
4 (複数／私達のもの) 5 (単数／私達はあなたに達) 6 (複数／彼は彼女に)
7 (単数／彼女たちは彼らに) 8 (単数／私達は彼女らに私達に) 9 (複数／あなた達は君に)

- 私は彼にそのペンを与える／私は彼にそれを与える
- 「～に～を与える」：
  donner＋直接目的＋間接目的
  ・複数個の人称代名詞の格は、原則として、
  接目的の順で動詞の前に置く。ただし一人称・二人称目的格は、他の人称代名詞目的格に優先。

Ex. 5
Ex. 95

30

Ex. 70 代名詞の語順 2

FIGURE 3 (名前)

0 (君に対する命令) Lève Nicolas ! / Lève-le !
1 (君に対する命令) 2 (君に対する命令) 3 (君に対する命令) 4 (あなた達に対する命令) 3&4 (君に対する命令) 5&6 (私達に対する命令) 1&0 (あなた達に対する命令)

・「ニコラを起こせ」：
・「～を起こす」: lever + 直接目的人称代名詞 (lever 活用 ☞ §4 表 ②, ③)
・二人称代名詞は肯定命令文において、動詞の後ろに置き、ハイフンでつなぐ。目的語が一人称・二人称であれば、強勢形にする。

Ex. 104
Ex. 105

Ex. 71 代名詞の語順 3

FIGURE 2

0 (君に対する命令) Va au cinéma ! / Vas-y !
1 (君に対する命令) 2 (私達に対する命令) 3 (私達に対する命令) 4 (あなた達に対する命令)
5 (彼に/私達に/あなた達に対する命令) 6 (あなた達に/君に対する命令)
7 (君に/私達に/君に対する命令) 8 (私達に対する命令) 9 (あなた達に対する命令) 2&0 (あなた達に対する命令) 1&0 (あなた達に対する命令)

・「映画館に行け！/そこに行け！」
・「～に～を与える」：
・「～に行く」: aller à～
(aller 活用 ☞ §4 表 ③ ③)
・命令文における複数個の人称代名詞目的格は、平叙文と同じ順（直接目的→間接目的）で動詞の後に置く。
「君」に対する命令形が、直説法現在の活用語尾 -es から s を抜くタイプの動詞、aller は、中性代名詞 en, y をともなう肯定命令文のとき、活用語尾に s を復活させる。

Ex. 15
Ex. 104
Ex. 105

Ex. 72 代名詞の語順 4

FIGURE 1

0 (単数/彼に/君に対する命令) Ne lui donne pas le stylo ! / Ne le lui donne pas !
1 (単数/彼に/君に対する命令) 2 (単数/彼に/私達に対する命令) 3 (複数/彼に/私達に対する命令) 4 (複数/彼女に/私達に対する命令) 5 (単数/彼女に/私達に対する命令) 6 (複数/私達に/君に対する命令) 7 (単数/彼に/君に対する命令) 8 (複数/彼女に/あなた達に対する命令) 9 (単数/彼らに/私達に対する命令)

・「彼にそのペンを与えるな！/彼にそれを与えるな！」
・否定命令文における複数個の人称代名詞目的格の位置は、平叙文と同じで（直接目的→間接目的）で動詞の前に置き、直接目的→間接目的の順。否定の ne と pas は（動詞の前に置く）代名詞と動詞とを切り離さず、両者をはさみこむ。

Ex. 8
Ex. 104
Ex. 105

Ex. 73 代名詞の語順 5

1 (単数/彼に/君に対する命令)
3 (複数/私達/彼に/君に対する命令)
5 (単数/彼女に/私達に対する命令)
7 (単数/彼に/君に対する命令)
9 (単数/彼に/私達に対する命令)

Ex. 5
Ex. 105
Ex. 111

31

Ex. 74 疑問代名詞（人）1
表⑥①

FIGURE 8 二種類の疑問文を作れ.

0 (-) ① Qui boit de la bière ?
② Qui est-ce qui boit de la bière ?

1 (-) 2 (-) 3 (-) 4 (-)
5 (-) 6 (-) 7 (-) 8 (-) 9 (-)

誰がビールを飲むのか？
・動作主（人）を尋ねる疑問文の作り方：
① Qui＋動詞（三人称単数で活用）？
② Qui est-ce qui＋動詞（三人称単数で活用）？

Ex. 97

Ex. 75 疑問代名詞（人）2
表⑥②

FIGURE 3 （人称）三種類の疑問文を作れ.

0 (-) ① Qui cherche qui ?
② Qui est-ce qu'il cherche ?
③ Qui cherche-t-il ?

2 (-) 3 (-) 4 (-) 2&0 (-) 3&4 (-) 5&6 (-)

彼は誰を探しているか？
・「～を探す」：chercher＋直接目的
・目的語（人）を尋ねる疑問文の作り方：
① 主語＋動詞＋qui ?
② Qui est-ce que＋主語＋動詞 ? (que は母音の前で qu')
③ Qui＋動詞＋主語代名詞 ?
（動詞と主語代名詞はハイフンで繋ぐ、主語 il / elle と活用語尾 -t の動詞を倒置するとき、-t- で繋ぐ）

Ex. 96

Ex. 76 疑問代名詞（物）1
表⑥①

FIGURE 1

0 (-) ① Il cherche qui ?
1 (君) 2 (彼) 3 (彼女) 4 (あなた達)
5 (彼ら) 6 (彼女ら) 7 (君) 8 (彼) 9 (彼女)

彼が彼の気に入るか？ー このペンだ
・「～は～の気に入る」：
主語（単数）＋plaît＋間接目的
・動作主（事物）を尋ねる疑問文の作り方：
Qu'est-ce que＋主語＋動詞 ? (三人称単数で活用)

Ex. 95

Ex. 77 疑問代名詞（物）2
表⑥②

FIGURE 3 （人称）三種類の疑問文を作れ.

0 (-) ① Qu'est-ce qu'il regarde ?
② Qu'est-ce qu'il regarde ?
③ Que regarde-t-il ?

2 (-) 3 (-) 4 (-) 2&0 (-) 3&4 (-) 5&6 (-)

彼は何を見ているのか？
・「～を見る」：regarder＋直接目的
① 主語＋動詞＋quoi ?
② Qu'est-ce que＋主語＋動詞 ?
③ Que＋動詞＋主語代名詞 ?
（動詞と主語代名詞は、主語 il / elle と活用語尾 -e の動詞を倒置するとき、-t- で繋ぐ）

Ex. 96
Ex. 8

NIVEAU 4

FIGURE 1

J'ai bien choisi le stylo qui me convient.
(ジェ ビヤン ショワズィ ル スティロ キ ム コンヴィヤン)

私は、私に必要なペンをちゃんと選んだ

・「選ぶ」：choisir + 直接目的
(choisir 過去分詞 ☞ §4 ❸ (14)と同型)
・「～にふさわしい」、「～に必要である」：
convenir + 間接目的
(convenir 活用 ☞ §4 ❸ (4)と同型)

Ex. 5
Ex. 112
Ex. 115

FIGURE 2

Lequel de ces cinémas aime-t-il ?
(ルケル ドゥ セ スィネマ エム ティル)

これらの映画館のどれを彼は好むか？

・「～を好きである」：aimer + 直接目的
・同じカテゴリーの複数の事物のうちから特定の個体を選ばせるための疑問代名詞がlequelである。それが指示する名詞の性・数に応じて、定冠詞と疑問形容詞を組み合わせたような変化をする。

Ex. 8
Ex. 96

FIGURE 3

La semaine prochaine, je retrouverai mon ami que j'adore.
(ラ スメヌ プロシェヌ ジュ ルトルヴレ モナミ ク ジャドール)

来週私は、私が大好きな私の友人に再会する

・「再び見いだす」：retrouver + 直接目的
・問題となっている名詞を、動作の目的語として表しながら修飾する（関係節内で目的語の働きをする）とき、関係代名詞 que（母音の前でqu'）を用いる（人か物かは問わない）。

Ex. 9
Ex. 96
Ex. 129

FIGURE 7

La fille qui parle avec des amis est ma sœur.
(ラ フィユ キ パルル アヴェク デ ザミ エ マ スール)

友達と話している女の子は私の妹である

・名詞を文章によって修飾するとき、その名詞と文章との間に置く代名詞を関係代名詞という。
・問題となっている名詞を、関係節内で主語の働きをする（関係節内で主語の働きをする）とき、関係代名詞 qui を用いる（人か物かは問わない）。

Ex. 96

Ex. 78 選択の疑問代名詞
(☞ 表 ❻ ③)

0 (単数/彼)
1 (単数/君) 2 (単数/彼) 3 (複数/彼) 4 (複数/彼)
5 (単数/彼) 6 (複数/彼ら) 7 (単数/君) 8 (単数/あなた達)
9 (複数/彼女)

Ex. 79 関係代名詞
(主格) 1
(☞ 表 ❻ ①)

0 (－) 1 (－) 2 (－) 3 (－) 4 (－) 5 (－) 6 (－) 7 (－) 8 (－) 9 (－)

Ex. 80 関係代名詞
(主格) 2
(☞ 表 ❻ ①)

0 (私) 1 (私) 2 (君) 3 (彼) 4 (彼)
5 (私達) 6 (あなた達) 7 (彼女) 8 (彼ら) 9 (私)

Ex. 81 関係代名詞
(目的格) 1
(☞ 表 ❻ ②)

0 (私) (関係)
1 (－) 2 (私) 3 (彼) 4 (彼) 5 (彼女)
2 (私) 3 (君) 4 (彼) 5 (彼女)
3&4 (私達) 5&6 (あなた達) 3 (彼ら) 4 (彼女ら)

33

Ex. 82
関係代名詞（目的格）2 ☞表⑥②

Ex. 83
指示代名詞＋関係代名詞 1

Ex. 84
指示代名詞 2

Ex. 85
前置詞をともなう関係代名詞 1 ☞表⑥③

FIGURE 1
- 0 (単数／私)
- 1 (単数／私) 2 (単数／君) 3 (複数／君) 4 (複数／彼)
- 5 (単数／私達) 6 (複数／あなた達) 7 (単数／彼) 8 (単数／彼女)
- 9 (複数／私)

FIGURE 3
- 0 (−)
- 1 (−) 2 (−) 3 (−) 4 (−) 5 (−)
- 1&2 (−) 2&0 (−) 3&4 (−) 5&6 (−)

<u>Nicolas</u> se demande <u>ce qui lui</u> est arrivé.
(ニコラ) (スドゥマンドゥ) (スキリュイエタリヴェ)

FIGURE 4
- 0 (−) (1, 2, 4–9) (8–14)
- 8 (私) 9 (私) 10 (彼) 11 (彼女) 12 (私達) 13 (あなた達) 14 (彼ら)

<u>Ce que j'aime au-dessus de tout</u>, c'est faire du ski.
(スクジェムオドゥスュドゥトゥ) (セフェルデュスキ)

FIGURE 7
- 0 (私) (私)
- 1 (私) 2 (彼) 3 (彼女) 4 (彼女) 5 (私達) 6 (彼ら) 7 (彼女ら) 8 (私) 9 (彼ら)

Connaissez-vous <u>le garçon avec qui je parlais</u> ?
(コネセヴ) (ルガルソンアヴェクキジュパルレ)

・関係節が複合時制（助動詞＋過去分詞）のとき、過去分詞は関係代名詞 que が受ける名詞の性・数に合わせて、形容詞の操作と同じ操作をほどこす（女性なら -e、複数なら -s を付ける）。 → Ex. 5

私が昨日買ったペンは大きい → Ex. 24

・「〜に〜を尋ねる」：demander＋直接目的＋間接目的 → Ex. 112

・「〜に〜が起こる」：arriver＋間接目的

・主語（事物）＋ 指示代名詞 ce に関係代名詞 qui を組み合わせて、「〜するところのもの」と表現することができる（英語の the thing which, what）。関係節の動詞は三人称単数を用いる。 → Ex. 113

ニコラは自分に何が起こったのか、自問する → Ex. 96

・「〜を愛する」：aimer＋直接目的

・指示代名詞 ce に関係代名詞 que を組み合わせて、「〜するところのもの」と表現することができる。 → Ex. 96

私が何にもまして愛するもの、それはスキーをすることだ → Ex. 4

・Connaissez-vous＋修飾する名詞が、関係節によって修飾するとき。

・関係節内で前置詞の後ろに置く、前置詞＋関係代名詞を先行詞の後ろに置く、前置詞をともなう関係代名詞が人を指すとき、関係代名詞は qui を使う。

Connaissez-vous＋修飾する名詞？＋私が一緒に話していた少年をあなたはご存知か？ → Ex. 123

34

Ex. 86 前置詞をともなう関係代名詞 2
☞表❻③

FIGURE 1
0 (単数／私) **1** (単数／私) **2** (単数／君) **3** (複数／君) **4** (複数／彼) **5** (単数／私達)
6 (複数／あなた達) **7** (単数／彼ら) **8** (単数／彼) **9** (複数／彼女ら)

J'ai perdu le stylo pour lequel j'avais payé 100 euros.

私が100ユーロ払って買ったペンを、私はなくした

- 「~なくす」: perdre 過去分詞 (金額) を払う (perdre+金額): payer+金額
- 「~のために (金額)」: payer+pour+名詞
- 関係代名詞が物を指すとき、前置詞をともなう関係代名詞は lequel を使う。

Ex. 5
Ex. 115
Ex. 125

Ex. 87 前置詞をともなう関係代名詞 3
☞表❻③

FIGURE 1
0 (単数／私) **1** (単数／私) **2** (単数／君) **3** (複数／君) **4** (複数／彼) **5** (単数／私)
6 (複数／あなた達) **7** (単数／彼) **8** (単数／彼女) **9** (複数／彼女ら)

Je n'ai pas pu trouver le stylo auquel je pense.

私について考えているペンを、私は見つけることができなかった

- 「~について考える」: penser à+名詞
- 関係代名詞 lequel, lesquels, lesquelles は、前置詞 à と共に用いられるとき縮約を起こし、それぞれ auquel, auxquels, auxquelles となる。

Ex. 5
Ex. 16
Ex. 92

Ex. 88 前置詞をともなう関係代名詞 4
☞表❻③

FIGURE 2
0 (単数／私) **1** (単数／私) **2** (単数／君) **3** (複数／君) **4** (単数／彼) **5** (単数／彼女ら)
6 (複数／あなた達) **7** (単数／彼) **8** (単数／彼女)

J'ai indiqué au policier le cinéma près duquel j'avais assisté à l'accident.

私がその近くで事故を目撃した映画館を、私は警察官に指し示した

- 「~を指し示す」: indiquer+直接目的
- 「~に立ち会う、~を目撃する」: assister à+名詞
- 関係節前に〈前置詞句 de+名詞〉が用いられるとき縮約を起こし、それぞれ duquel, desquels, desquelles となる。

Ex. 6
Ex. 112
Ex. 125

Ex. 89 関係代名詞 dont

FIGURE 1
0 (単数／私) (1-7) **1** (単数／私) **2** (単数／君) **3** (複数／あなた達) **4** (複数／彼ら) **5** (複数／私達)

J'ai acheté le stylo dont j'ai besoin.

私が必要としているペンを、私は買った

- 「~を買う」: acheter+直接目的
- 「~を必要としている」: avoir besoin de+名詞
- 関係節内に de+名詞 (物) が、関係節外にある名詞を修飾しているとき、この前置詞句をひとまとめにした関係代名詞 dont も用いられる。

Ex. 5
Ex. 112
Ex. 116

35

Ex. 90
関係代名詞 où

FIGURE 2

Voilà le cinéma où je t'ai rencontré pour la première fois.
ヴォワラ ル スィネマ ウ ジュ テ ミ レ ンコ ントレ プる ラ プるミエる フォワ

0 (私が君(男性)に) 1 (私が君(女性)に) 2 (君が私(男性)に) 3 (彼が彼女に) 4 (彼女が彼に) 5 (私達があなた達(男女混合)に) 6 (あなた達が私達(女性のみ)に) 7 (彼らが彼女らに) 8 (彼女らが彼らに) 9 (私が彼女に)

ほらそこに、私が君に初めて会った映画館があるよ

・「〜に出会う」: rencontrer＋直接目的
・場所や時間を表す名詞について、そこで起こったことがら を関係節oùを介して説明することができる（英語の関係副詞 where, when にあたる）。

Ex. 6
Ex. 117

36

§4 動詞の操作

動詞は行為や動作を伝える語であり、文の中で最も重要な要素をなす。これが要求する基本操作は、主語の人称や時制に応じて語尾を変えてやること——活用という——である。「語幹」(意味を担う)＋「語尾」(人称・時制についての情報を担う)という構造を理解したうえで、それぞれの形態と変化の規則をおぼえることが必要となる。

❶ 動詞の時制と変化のしくみ ―-er型規則動詞―

例：parler

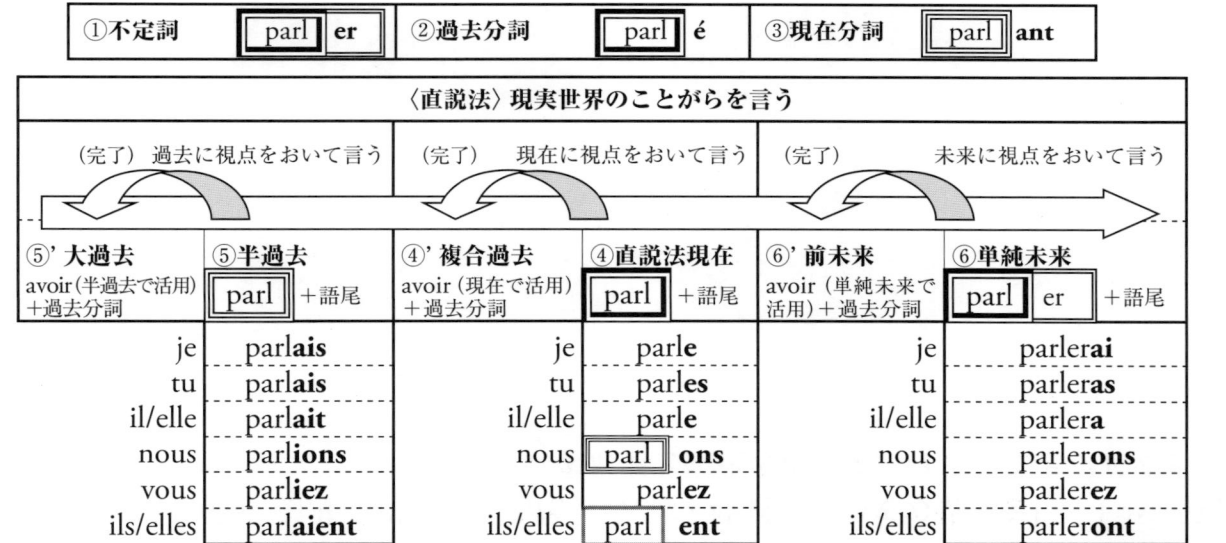

① 不定詞
不定詞．単純未来および条件法現在の語幹をなす

| parl | er |

② 過去分詞
過去分詞おおよび直説法現在の語幹

| parl | é |

③ 現在分詞
現在分詞おおよび半過去の語幹

| parl | ant |

④ 直説法現在
〈直説法〉現実世界のことがらを言う
現在に視点をおいて言う

| parl | +語尾 |

je	parle
tu	parles
il/elle	parle
nous	parlons
vous	parlez
ils/elles	parlent

④' 複合過去
(完了) avoir(現在で活用)＋過去分詞

je	parl	é
tu	parl	
il/elle	parl	
nous	parl	
vous	parl	
ils/elles	parl	

⑤ 半過去
現在に視点をおいて言う

| parl | +語尾 |

je	parlais
tu	parlais
il/elle	parlait
nous	parlions
vous	parliez
ils/elles	parlaient

⑤' 大過去
(完了) avoir(半過去で活用)＋過去分詞

⑥ 単純未来
未来に視点をおいて言う

| parl | er | +語尾 |

je	parlerai
tu	parleras
il/elle	parlera
nous	parlerons
vous	parlerez
ils/elles	parleront

⑥' 前未来
(完了) avoir(単純未来で活用)＋過去分詞

⑦ 条件法現在
〈条件法〉仮想のことがらを言う
現在に視点をおいて言う

| parl | er | +語尾 |

je	parlerais
tu	parlerais
il/elle	parlerait
nous	parlerions
vous	parleriez
ils/elles	parleraient

⑦' 条件法過去
(完了) avoir(条件法現在で活用)＋過去分詞

⑧ 接続法現在
〈接続法〉内面のことがらを言う
現在に視点をおいて言う

| parl | +語尾 |

je	parle
tu	parles
il/elle	parle
nous	parlions
vous	parliez
ils/elles	parlent

⑧' 接続法過去
(完了) avoir(接続法現在で活用)＋過去分詞

❷ 注意を要する -er型動詞

① **manger** 直説法現在
je mange
tu manges
il/elle mange
nous mange**ons**
vous mangez
ils/elles mangent

② **appeler** 直説法現在
j'appelle
tu appelles
il/elle appelle
nous appelons
vous appelez
ils/elles appellent

③ **lever** 直説法現在
je lève
tu lèves
il/elle lève
nous levons
vous levez
ils/elles lèvent

38

❸ 不規則動詞

（変化のしくみは原則として①に同じ。以下は原則に外れる要素を示してある。すなわち (1) 過去分詞、(2) 直説法現在活用、(3) 単純未来語幹の三点、および、(4) 個別におぼえる必要のある特殊なかたちである）

		① être	été	② avoir	eu	③ aller	allé	④ venir	venu
(1) 過去分詞									
(2) 直説法現在活用	je (j')	suis		ai		vais		viens	
	tu	es		as		vas		viens	
	il/elle	est		a		va		vient	
	nous	sommes		avons		allons		venons	
	vous	êtes		avez		allez		venez	
	ils/elles	sont		ont		vont		viennent	
(3) 単純未来語幹		ser-		aur-		ir-		viendr-	
(4) その他の特殊事項		現在分詞・半過去語幹：ét- 接続法現在活用：sois/sois/soit/ soyons/soyez/soient		現在分詞：ay- 接続法現在活用：aie/aies/ait/ ayons/ayez/aient		接続法現在語幹：aill- (一・二人称複数の時に all-)		接続法現在語幹 vienn- は・・・二人称複数の時に ven-	

		⑤ pouvoir	pu	⑥ vouloir	voulu	⑦ boire	bu	⑧ prendre	pris	⑨ faire	fait	⑩ dire	dit	⑪ mettre	mis
	je	peux		veux		bois		prends		fais		dis		mets	
	tu	peux		veux		bois		prends		fais		dis		mets	
	il	peut		veut		boit		prend		fait		dit		met	
	nous	pouvons		voulons		buvons		prenons		faisons		disons		mettons	
	vous	pouvez		voulez		buvez		prenez		faites		dites		mettez	
	ils	peuvent		veulent		boivent		prennent		font		disent		mettent	
		pourr-		voudr-		boir-		prendr-		fer-		dir-		mettr-	
		接続法現在語幹：puiss-		接続法現在語幹 veuill- (一・二人称複数の時に voul-)		接続法現在語幹 boiv- は・・・一・二人称複数の時に buv-		接続法現在語幹 prenn- は・・・一・二人称複数の時に pren-		接続法現在語幹：fass-					

		⑫ partir	parti	⑬ sortir	sorti	⑭ finir	fini	⑮ voir	vu	⑯ écrire	écrit	⑰ construire	construit	⑱ couvrir	couvert
	je	pars		sors		finis		vois		écris		construis		couvre	
	tu	pars		sors		finis		vois		écris		construis		couvres	
	il	part		sort		finit		voit		écrit		construit		couvre	
	nous	partons		sortons		finissons		voyons		écrivons		construisons		couvrons	
	vous	partez		sortez		finissez		voyez		écrivez		construisez		couvrez	
	ils	partent		sortent		finissent		voient		écrivent		construisent		couvrent	
		（原則どおり）		（原則どおり）		（原則どおり）		verr-		écrir-		construir-		（原則どおり）	
								接続法現在語幹 voi- は・・・一・二人称複数の時に voy-							

39

Ex. 番号	使用 FIGURE 番号	例文	例文日本語訳	関連項目
練習事項	代入イラスト No.（その他の指示）		表現メモ	

NIVEAU 1

Ex. 91
基本動詞 直説法現在 1

FIGURE 5 (職業)

Je suis étudiant.
ジュ スュイ ゼテュディアン

0 (私／1つ) **1** (私 男性) **2** (君 男性) **3** (彼) **4** (彼女) **5** (私達 男女混合) **6** (あなた達／いくつか) **7** (彼ら) **8** (彼女のみ)

- 私は学生である
- 現在のことがらや行為を述べるとき、動詞の時制は直説法現在を用いる
- 「〜である」: être (英語の be) + 形容詞・属詞
  (être 直説法現在 ☞ 表 ❸ (2) ①)

Ex. 1

Ex. 92
基本動詞 直説法現在 2

FIGURE 1

J'ai un stylo.
ジェ アン スティロ

0 (私／1つ) **1** (君／いくつか) **2** (彼／1つ) **3** (彼／いくつか) **4** (彼女／いくつか) **5** (私達／1つ) **6** (あなた達／いくつか) **7** (彼ら／いくつか) **8** (彼女ら／いくつか) **9** (私／1つ)

- 私はペンを持っている
- 「〜を持っている」: avoir (英語の have) + 名詞
  (avoir 直説法現在 ☞ 表 ❸ (2) ②)

Ex. 23

Ex. 93
基本動詞 直説法現在 3

FIGURE 5 (首都)

Je vais à Lisbonne.
ジュ ヴェ ア リスボンヌ

0 (私) **1** (君) **2** (彼) **3** (彼) **4** (彼女) **5** (私達) **6** (あなた達) **7** (彼) **8** (彼女ら) **9** (私達)

- 私はリスボンに行く
- 「行く」: aller (直説法現在 ☞ 表 ❸ (2) ③)
- 行き先・場所を表す前置詞: à (英語の to, at)

Ex. 94
基本動詞 直説法現在 4

FIGURE 5

Je viens de Lisbonne.
ジュ ヴィヤン ドゥ リスボンヌ

0 (私) **1** (私) **2** (君) **3** (彼) **4** (彼女) **5** (私達) **6** (あなた達) **7** (彼ら) **8** (彼女ら) **9** (私)

- 私はリスボン出身である
- 「来る」: venir (直説法現在 ☞ 表 ❸ (2) ④)
- 起点・帰属を表す前置詞: de (英語の from, of)

40

Ex. 95 -er型規則動詞
直説法現在 1
☞ 表 ❶ ④

FIGURE 5 (1, 2, 4-8)

Je parle portugais. (国籍)

0 (私) 2 (君) 4 (彼) 5 (彼女) 6 (私達)
7 (あなた達) 8 (彼ら) 1 (彼女) 2 (私)

Ex. 96 -er型規則動詞
直説法現在 2
☞ 表 ❶ ④

FIGURE 7

イラストが表す動作を、全ての（あるいは任意の）人称で表せ。

Je parle avec des amis.

0 (私)
1 (私／君／彼／彼女／私達／あなた達／彼ら／彼女ら)
2 (私／君／彼／彼女／私達／あなた達／彼ら／彼女ら)
3 (私／君／彼／彼女／私達／あなた達／彼ら／彼女ら)
4 (私／君／彼／彼女／私達／あなた達／彼ら／彼女ら)
5 (私／君／彼／彼女／私達／あなた達／彼ら／彼女ら)
6 (私／君／彼／彼女／私達／あなた達／彼ら／彼女ら)
7 (私／君／彼／彼女／私達／あなた達／彼ら／彼女ら)
8 (私／君／彼／彼女／私達／あなた達／彼ら／彼女ら)
9 (私／君／彼／彼女／私達／あなた達／彼ら／彼女ら)

Ex. 97 不規則動詞
直説法現在
☞ 表 ❸ (2) ⑦〜⑯

FIGURE 8 同上

Je bois de la bière.

0 (私)
1 (私／君／彼／彼女／私達／あなた達／彼ら／彼女ら)
2 (私／君／彼／彼女／私達／あなた達／彼ら／彼女ら)
3 (私／君／彼／彼女／私達／あなた達／彼ら／彼女ら)
4 (私／君／彼／彼女／私達／あなた達／彼ら／彼女ら)
5 (私／君／彼／彼女／私達／あなた達／彼ら／彼女ら)
6 (私／君／彼／彼女／私達／あなた達／彼ら／彼女ら)
7 (私／君／彼／彼女／私達／あなた達／彼ら／彼女ら)
8 (私／君／彼／彼女／私達／あなた達／彼ら／彼女ら)
9 (私／君／彼／彼女／私達／あなた達／彼ら／彼女ら)

私はポルトガル語を話す

・「～語を話す」：parler＋国籍を表す形容詞（主語との性・数一致なし）

・不定詞（辞書の見出し語のかたち）が -er で終わる動詞を -er 型規則動詞といい、規則的な変化をする (aller のみ例外)。このグループの直説法現在は、語幹（不定詞から -er を除いた部分）＋直説法現在活用語尾で、機械的につくることができる。

私は友達と話す

・不定詞（辞書の見出し語のかたち）が -er で終わらない動詞および aller は、直説法現在の単数人称活用語尾が -e/-es/-e の代わりに -s/-s/-t となることで特徴づけられるが、語幹が不規則であるため、動詞ごとに語幹をおぼえなくてはならない。既出の être, avoir, aller のように、このような動詞は語尾も不規則な変化をするものがある。本書では -er 型規則動詞に対して、不規則動詞と呼ぶ。

私はビールを飲む

41

Ex. 98 不定詞 1
☞ 表 ❶ ①

FIGURE 7
0 (私) <u>Je peux parler avec des amis.</u>
   ジュ プ パルレ アヴェク デ ザミ
1 (私)　2 (君)　3 (彼)　4 (彼女)　5 (私達)
6 (あなた達)　7 (彼ら)　8 (彼女ら)　9 (私達)

・私は友達と話すことができる
・「〜することができる」: pouvoir + 不定詞
・pouvoir 直説法現在　☞ 表 ❸

Ex. 99 不定詞 2
☞ 表 ❸ (1) ⑦〜⑯

FIGURE 8
0 (私) <u>Je veux boire de la bière.</u>
   ジュ ヴ ボワール ドゥ ラ ビエール
1 (私)　2 (君)　3 (彼)　4 (彼女)　5 (私達)
6 (あなた達)　7 (彼ら)　8 (彼女ら)　9 (私)

・私はビールを飲みたい
・「〜することを望む」: vouloir + 不定詞
・vouloir 直説法現在　☞ 表 ❸ (2) ⑤

Ex. 100 疑問文 1

与えられた人称すべてを(あるいは任意のものを選んで)主語にして、三種類の疑問文を作れ。

FIGURE 7
0 (君) ① <u>Tu parles avec des amis ?</u>
       チュ パルル アヴェク デ ザミ
　　　② <u>Est-ce que tu parles avec des amis ?</u>
       エ ス ク チュ パルル アヴェク デ ザミ
　　　③ <u>Parles-tu avec des amis ?</u>
       パルル チュ アヴェク デ ザミ
1 (君/彼/彼女/あなた達/彼ら/彼女ら)
2 (君/彼/彼女/あなた達/彼ら/彼女ら)
3 (君/彼/彼女/あなた達/彼ら/彼女ら) etc.

・君は友達と話すか?
・疑問文の作り方:
① 平叙文 ? (イントネーションによる疑問文化)
② Est-ce que + 平叙文 ? (que は次に母音が来ると qu')
③ 主語と動詞を倒置してハイフンで繋ぐ
(注意: il / elle と活用語尾 -e の動詞を倒置するときは、-t- で繋ぐ)

Ex. 101 疑問文 2

0 (君) ① <u>Tu bois de la bière ?</u>
       チュ ボワ ドゥ ラ ビエール
　　　② <u>Est-ce que tu bois de la bière ?</u>
       エ ス ク チュ ボワ ドゥ ラ ビエール
　　　③ <u>Bois-tu de la bière ?</u>
       ボワ チュ ドゥ ラ ビエール
1 (君/彼/彼女/あなた達/彼ら/彼女ら)
2 (君/彼/彼女/あなた達/彼ら/彼女ら)
3 (君/彼/彼女/あなた達/彼ら/彼女ら) etc.

・君はビールを飲むか?

42

Ex. 102
否定文 1

FIGURE 5

0 (私) 男性　1 (私) 女性　2 (君) 男性
3 (君) 女性のみ　7 (彼)　4 (彼女)　5 (私達) 男女混合
6 (あなた達) 女性のみ　8 (彼ら)　9 (私達 男性)

Je ne suis pas étudiant.
ジュ ヌ スュイ パ ゼテュディアン

私は学生ではない

・否定文を作るには、動詞を ne と pas で挟む。ne は次に母音が来ると n' となる。

Ex. 103
否定文 2

FIGURE 7　イラストが表す動作を全ての (あるいは任意の) 人称で、否定せよ。

0 (私) Je ne parle pas avec des amis.
ジュ ヌ パルル パ アヴェック デ ザミ

1 (私/君/彼/彼女/私達/あなた達/彼ら/彼女ら)
2 (君/君/彼/彼女/私達/あなた達/彼ら/彼女ら)
3 (君/私達/彼/彼女/私達/あなた達/彼ら/彼女ら) etc.

私は友達と話さない

Ex. 104
命令法 1

FIGURE 8

0 (私) Bois de la bière ! / Buvons de la bière ! /
ボワ ドゥ ラ ビエール　ビュヴォン ドゥ ラ ビエール
Buvez de la bière !
ビュヴェ ドゥ ラ ビエール

1 (君/私達/あなた達) に対する命令
2 (君/私達/あなた達) に対する命令
3 (君/私達/あなた達) に対する命令 etc.

ビールを飲め！／ビールを飲もう！／ビールを飲んで下さい！

・フランス語の命令文は:
① 「君」に対する命令 (「〜しろ！」)
② 「私達」に対する命令 (「〜しよう！」)
③ 「あなた達」に対する命令 (「〜して下さい」)
の三種類あり、動詞をそれぞれの人称で活用し、かつ主語ぬきで用いればよい。
・ただし、-er 型規則動詞については注意が必要 (下記 Ex. 105 参照)

Ex. 105
命令法 2

(1-6, 8, 9) イラストが表す動作を行なわないよう、三通りで命令せよ。

0 Ne parle pas avec des amis ! /
ヌ パルル パ アヴェック デ ザミ
Ne parlons pas avec des amis ! /
ヌ パルロン パ アヴェック デ ザミ
Ne parlez pas avec des amis !
ヌ パルレ パ アヴェック デ ザミ

1 (君/私達/あなた達) に対する否定命令
2 (君/私達/あなた達) に対する否定命令
3 (君/私達/あなた達) に対する否定命令 etc.

友達と話すな！／友達と話すまい！／友達と話さないで下さい！

・-er 型規則動詞および aller の、「君」に対する命令形は、活用語尾の s を落とす。
・否定の命令も、動詞を ne と pas で挟めばよい。

43

NIVEAU 2

Ex. 106
命令法 3

FIGURE 6 (1–7)

Sois sage !

0 (君に 男性) 1 (君に 男性) 2 (君に 女性) 3 (私達に 男女混合) 4 (あなた達に 女性のみ)
5 (君に 男性) 6 (君に 女性) 7 (私達に 女性のみ) 1 (あなた達に 男女混合)

お利口にしていろ！

- être の命令法は特殊なかたちをとる：
  ① sois ② soyons ③ soyez
- 形容詞や属詞は、命令の対象（＝表されていない主語）の性・数に一致させる。

Ex. 22

Ex. 107
近接未来

FIGURE 7

Je vais parler avec des amis.
ジュ ヴェ パルレ アヴェク デ ザミ

0 (私) 1 (私) 2 (君) 3 (彼) 4 (彼女) 5 (私達)
6 (あなた達) 7 (彼ら) 8 (彼女ら) 9 (私)

私はこれから友達と話す

- 近い未来の行為を、aller＋不定詞で表すことができる（近接未来という）。

Ex. 108
近接過去

FIGURE 8

Je viens de boire de la bière.
ジュ ヴィヤン ド ボワール ド ラ ビエール

0 (私) 1 (私) 2 (君) 3 (彼) 4 (彼女) 5 (私達)
6 (あなた達) 7 (彼) 8 (彼女ら) 9 (私)

私はいましがたビールを飲んできた

- なされたばかりの行為を、venir de＋不定詞で表すことができる（近接過去という）。

Ex. 109
現在分詞 1
☞表❶③

FIGURE 7

Je pense aux vacances en parlant avec des amis.
ジュ パンス オ ヴァカンス アン パルラン アヴェク デ ザミ

0 (私) 1 (私) 2 (君) 3 (彼) 4 (彼女) 5 (私達)
6 (あなた達) 7 (彼) 8 (彼女ら) 1 (私)

私は友達と話しつつ休暇のことを考える

- 「～について考える」：penser à＋名詞
- en＋動詞の現在分詞 によって、主動詞と同時に行われる別の行為を表すことができる（ジェロンディフという）。
- 現在分詞は、直説法現在一人称複数活用形の語幹に、語尾 -ant をつけて作られる。

Ex. 110
現在分詞 2
[ぼ] 表❶③
～⑯

Ex. 111
人称代名詞目的格のある文の否定
[ぼ] 表❶② 表❸(2)⑦

Ex. 112
直説法複合過去 1
[ぼ] 表❶④'

Ex. 113
直説法複合過去 2

FIGURE 8
0 (私) <u>Je me sens heureux en buvant de la bière.</u>
（ジュ ム サン ズ ウルー アン ビュヴァン ドゥ ラ ビエール）
1 (私／女性) **2** (君／男性) **3** (彼) **4** (彼女) **5** (私達 男女混合)
6 (あなた達 女性のみ) **7** (彼) **8** (彼女) **9** (私達 男女混合)

私はビールを飲みつつ自分を幸せだと感じる
・「～であると感じる」：sentir＋直接目的＋形容詞
(sentir 直説法現在活用 [ぼ] 表❸⑫⑬と同型)

FIGURE 3
0 (0を) （人称）<u>Je ne le couche pas.</u>
（ジュ ヌ ル クシュ パ）
1 (2を) **2** (1を) **3** (6を) **4** (7を)
1&2 (6&7を) **2&0** (5&6を) **3&4** (1&2を) **5&6** (2&0を)

私は彼を寝かせない
・「～を寝かせる」：coucher＋直接目的
・人称代名詞目的格のある文章を否定するとき、代名詞と動詞を切り離さずに ne と pas で挟みこむ。

FIGURE 1
0 (私を) <u>J'ai acheté un stylo.</u>
（ジェ アシュテ アン スティロ）
1 (私／単数) **2** (君／単数) **3** (彼／複数) **4** (彼女／複数)
5 (私達／単数) **6** (あなた達／複数) **7** (彼ら／複数) **8** (彼女ら／単数)
9 (私／複数)

私はペンを買った
・「買う」：acheter＋直接目的
・現在から見て完了した行為を表す時制が複合過去
・原則として avoir 直説法現在＋過去分詞で表される。
・-er規則動詞の過去分詞は -er → -é で作られる。

FIGURE 2
0 (私／男性) <u>Je suis entré dans le cinéma.</u>
（ジュ スュイ ザントレ ダン ル スィネマ）
1 (私／女性) **2** (君／男性) **3** (彼) **4** (彼女) **5** (私達／男女混合)
6 (あなた達 女性のみ) **7** (彼ら) **8** (彼女ら) **9** (私／男性)

私は映画館に入った
・「～に入る」：entrer dans –
・移動を表す動詞（「行く」、「来る」など）の複合過去は、être 直説法現在＋過去分詞で表す。このとき過去分詞は、主語の性・数に合わせて形容詞と同じ操作（女性の e、複数の s）を加えなければならない。

Ex. 22
Ex. 59

Ex. 52

Ex. 1

Ex. 6

45

Ex. 114 直説法複合過去
☞ 3
☞ 表❶②
☞ 表❶④'

FIGURE 7 J'ai parlé avec des amis.

0 (私)
1 (私／君／彼／彼女／彼女／私達／あなた達／彼ら／彼女ら)
2 (私／君／彼／彼女／私達／あなた達／彼ら／彼女ら)
3 (私／君／彼／彼女／私達／あなた達／彼ら／彼女ら) etc.

イラストが表す動作を、全ての（あるいは任意の）人称で表せ。ただし、「私」は男性、「君」は女性、「私達」は男女混合の集団、「あなた達」は女性のみの集団、とする。

私は友達と話した
☞ **FIGURE 7** に表された動詞は各々おぼえる必要がある。助動詞の選択および過去分詞の操作に注意。

・**FIGURE 7** arriver である、
・**FIGURE 8** sortir である、助動詞の選択および過去分詞の操作に注意。

Ex. 115 直説法複合過去
☞ 4
☞ 表❸(1)⑦
～⑯

FIGURE 8 J'ai bu de la bière.

0 (私)
1 (君／彼／彼女／彼女／私達／あなた達／彼ら／彼女ら)
2 (君／彼／彼女／私達／あなた達／彼ら／彼女ら)
3 (君／彼／彼女／私達／あなた達／彼ら／彼女ら) etc.

私はビールを飲んだ
☞ **FIGURE 8** に表された動詞は各々おぼえる必要がある、助動詞の中で、移動を表す動詞に注意。

Ex. 116 複合過去の否定

同上 Je n'ai pas parlé avec des amis.

0 (私)
1 (君／彼／彼女／私達／あなた達／彼ら／彼女ら)
2 (君／彼／彼女／私達／あなた達／彼ら／彼女ら)
3 (君／彼／彼女／私達／あなた達／彼ら／彼女ら) etc.

・不規則動詞の過去分詞
・複合時制（助動詞＋過去分詞で作る時制）の否定文をつくるときは、助動詞を ne（母音の前で n'）と pas で挟む。

Ex. 117 目的語のある複合過去 1

FIGURE 3 （人称・名前）
同上 J'ai couché Nicolas. / Je l'ai couché.

1 (0を) 2 (1を) 3 (6を) 4 (7を)
1&2 (6&7を) 2&0 (5&6を) 3&4 (1&2を) 5&6 (2&0を)

私はニコラを寝かせた／私は彼を寝かせた
・「～を寝かせる」: coucher ＋人称代名詞目的格は直接目的
・複合時制のとき、人称代名詞目的格は助動詞の前に置く。
また、そうして助動詞に前置された代名詞が直接目的格であれば、この代名詞の性・数に合わせて、過去分詞に形容詞と同じ操作（女性形の e、複数の s）を施す。

Ex. 52

Ex. 118
目的語のある複合過去 2

FIGURE 3 (人称)

0 (私) **Je l'ai couché d'abord, je me suis couché après.**

1 (2を) 2 (1を) 3 (6を) 4 (7を) 5&6 (2&0を)
1&2 (6&7を) 2&0 (5&6を) 3&4 (1&2を)

私はまず彼を寝かせた。その後、私は寝た（＝私自身を寝かせた）

・「～を寝かせる」: coucher（＝代名動詞）
・主語と人称代名詞目的格が同一の人物・事物を指す構文（＝代名動詞）のとき、複合時制の助動詞は、avoir に代わって être を取る。過去分詞の操作については Ex. 117 に同じ。

Ex. 59

Ex. 119
目的語のある複合過去 3

FIGURE 4 (1-7)

0 (私) **Je lui ai servi du vin, et puis, je m'en suis servi.**

1 (君) 2 (1を) 3 (彼) 4 (彼女) 5 (私達)
6 (あなた達) 7 (彼ら) 1 (彼女ら) 2 (私)

私は彼女にワインをついだ。それから自分にそれをついだ

・「～に～（食べ物・飲み物）を給仕する」: servir＋直接目的語＋間接目的 (servir 過去分詞 ☞ 表 ❸ (11) (12) (13) と同型)
・目的語が人称代名詞や中性代名詞であれば、過去分詞はこれと性・数の一致を起こさない。

Ex. 3
Ex. 54
Ex. 63

Ex. 120
目的語のある否定合過去

FIGURE 3 (人称・名前)

0 (私) **Je n'ai pas couché Nicolas. / Je ne l'ai pas couché.**

1 (2を) 2 (1を) 3 (6を) 4 (7を) 5&6 (2&0を)
1&2 (6&7を) 2&0 (5&6を) 3&4 (1&2を)

私はニコラを寝かせなかった／私は彼を寝かせなかった

・人称代名詞や中性代名詞を含む複合時制の文を否定文にするとき、代名詞と助動詞とを切り離さずに ne と pas で挟む。

Ex. 52

47

NIVEAU 3

Ex. 121
直説法半過去 1
☞ 表 ❶ ⑤

Ex. 122
直説法半過去 2
☞ 表 ❶ ⑤
☞ 表 ❸ (2) ②

Ex. 123
直説法半過去 3
☞ 表 ❶ ⑤

Ex. 124
直説法半過去 4
☞ 表 ❶ ⑤
☞ 表 ❸ (2) ⑦
〜⑯

FIGURE 5 (職業)

0 (私, 男性)　1 (私, 女性)　2 (君, 男性)　3 (彼)　4 (彼女)　5 (私達 男女混合)
6 (あなた達 女性のみ)　7 (彼ら)　8 (彼女ら)　9 (私達 男性)

FIGURE 4 (8–14)

8 (私)　9 (君)　10 (彼)　11 (彼女)　12 (私達)　13 (あなた達)
14 (あなた達)

FIGURE 7

0 (私) **J'étais étudiant il y a vingt ans.**
1 (私／君／彼／彼女／私達／あなた達／彼ら／彼女ら)
2 (私／君／彼／彼女／私達／あなた達／彼ら／彼女ら)
3 (私／君／彼／彼女／私達／あなた達／彼ら／彼女ら) etc.

0 (私) **Quand j'avais vingt ans, j'aimais le ski.**
1 (私／君／彼／彼女／私達／あなた達／彼ら／彼女ら)
2 (私／君／彼／彼女／私達／あなた達／彼ら／彼女ら)
3 (私／君／彼／彼女／私達／あなた達／彼ら／彼女ら) etc.

FIGURE 8 同上

0 (私) **Je parlais avec des amis.**
1 (私／君／彼／彼女／私達／あなた達／彼ら／彼女ら)
2 (私／君／彼／彼女／私達／あなた達／彼ら／彼女ら)
3 (私／君／彼／彼女／私達／あなた達／彼ら／彼女ら) etc.

0 (私) **Je buvais de la bière.**
イラストが表す動作を、全ての(あるいは任意の)人称で表せ。

Ex. 23

私は二十年前、学生だった
・「〜年前」: il y a＋数＋an(s)
・過去における任意の時期に視点を置き、その時の状態や進行中の行為を表すとき、動詞の時制は半過去を用いる。
・être の半過去は、半過去語尾 (＝直説法現在一人称複数活用形の語幹)＋半過去語尾で作られる。

☞ 表 ❸ (4) ①

私は二十歳の頃、スキーが好きだった
・「〜歳である」: avoir＋数＋an(s)
・接続詞 quand (英語の when)

Ex. 7

私は友達と話をしていた

私はビールを飲んでいた

Ex. 125
直説法大過去1
〔参〕表❶⑤

Ex. 126
〔参〕表❶⑤'〜⑯

FIGURE 7

0 (私) <ruby>Quand<rt>カン</rt></ruby> <ruby>il<rt>ディラ</rt></ruby> <ruby>a sonné<rt>ソネ</rt></ruby> <ruby>midi<rt>ミディ</rt></ruby>, <ruby>j'avais<rt>ジャヴェ</rt></ruby> <ruby>déjà<rt>デジャ</rt></ruby> <ruby>parlé<rt>パルレ</rt></ruby> <ruby>avec<rt>アヴェック</rt></ruby> <ruby>des<rt>デ</rt></ruby> <ruby>amis<rt>ザミ</rt></ruby>.

1 私／君／彼／彼女／私達／あなた達／彼ら／彼女ら
2 私／君／彼／彼女／私達／あなた達／彼ら／彼女ら
3 私／君／彼／彼女／私達／あなた達／彼ら／彼女ら etc.

イラストが表す動作を、全ての（あるいは任意の）人称で表せ。ただし、「私」は男性、「君」は女性、「私達」は女性のみの集団、「あなた達」は男女混合の集団、とする。

正午の時報が鳴った時、私はすでに友達と話し終えていた

・過去のある時点から見て、すでに完了した行為を表す時制を大過去といい、avoir（あるいはêtre）の半過去＋過去分詞で作る。助動詞の選び方や過去分詞の操作は、複合過去と同じ。

Ex. 127
直説法大過去2
〔参〕表❶⑥

FIGURE 8

0 (私) 同上

1 私／君／彼／彼女／私達／あなた達／彼ら／彼女ら
2 私／君／彼／彼女／私達／あなた達／彼ら／彼女ら
3 私／君／彼／彼女／私達／あなた達／彼ら／彼女ら etc.

<ruby>Quand<rt>カン</rt></ruby> <ruby>Brigitte<rt>ブリジット</rt></ruby> <ruby>est<rt>エ</rt></ruby> <ruby>venue<rt>ヴニュ</rt></ruby>, <ruby>j'avais<rt>ジャヴェ</rt></ruby> <ruby>déjà<rt>デジャ</rt></ruby> <ruby>bu<rt>ビュ</rt></ruby> <ruby>de la<rt>ドゥラ</rt></ruby> <ruby>bière<rt>ビエール</rt></ruby>.

ブリジットが来た時、私はすでにビールを飲み終えていた

Ex. 128
直説法単純未来1
〔参〕表❶⑥

FIGURE 3

0 (人称・名前)

1 (0より) 2 (1より) 3 (4より) 4 (3より) 1&2 (3&4より)
2&0 (1より) 3&4 (1&2より) 5&6 (3&4より)

<ruby>Je<rt>ジュ</rt></ruby> <ruby>serai<rt>スレ</rt></ruby> <ruby>plus<rt>プリュ</rt></ruby> <ruby>fort<rt>フォル</rt></ruby> <ruby>que<rt>ク</rt></ruby> <ruby>Nicolas<rt>ニコラ</rt></ruby>.

私はニコラより強くなるだろう

・未来の行為や状態を表す時制を単純未来といい、未来語幹＋単純未来活用語尾で作る。
・être 未来語幹〔参〕表❸(3)①

Ex. 30
直説法単純未来2
〔参〕表❶⑥

FIGURE 3

0 (人称)

1 (20歳) 2 (20歳) 3 (55歳) 4 (55歳) 1&2 (20歳)
2&0 (20歳) 3&4 (55歳) 5&6 (15歳) 7 (12歳)

<ruby>J'aurai<rt>ジョレ</rt></ruby> <ruby>vingt<rt>ヴァン</rt></ruby> <ruby>ans<rt>タン</rt></ruby> <ruby>le<rt>ル</rt></ruby> <ruby>mois<rt>モワ</rt></ruby> <ruby>prochain<rt>プロシャン</rt></ruby>.

来月、私は20歳になる

・avoir 未来語幹〔参〕表❸(3)②
・数詞〔参〕§1（参考）

49

Ex. 129 直説法単純未来
☞表❶⑥

FIGURE 7

0 (私) <u>Je parlerai avec des amis.</u>
ジュ パルルレ アヴェク デ ザミ

1 (私／君／彼／彼女／私達／あなた達／彼ら／彼女ら)
2 (私／君／彼／彼女／私達／あなた達／彼ら／彼女ら)
3 (私／君／彼／彼女／私達／あなた達／彼ら／彼女ら) etc.

イラストが表す動作を、全ての（あるいは任意の）人称で表せ。

・-er型規則動詞の未来語幹は不定詞である。

Ex. 130 直説法単純未来
☞表❸(3)⑦

FIGURE 8

0 (私) <u>Je boirai de la bière.</u>
ジュ ボワレ ドゥ ラ ビエル

1 (私／君／彼／彼女／私達／あなた達／彼ら／彼女ら)
2 (私／君／彼／彼女／私達／あなた達／彼ら／彼女ら)
3 (私／君／彼／彼女／私達／あなた達／彼ら／彼女ら) etc.

同上

私はビールを飲むだろう

・不規則動詞の未来語幹はそれぞれ覚える必要がある。

Ex. 131 直説法前未来 1
☞表❶⑥'

FIGURE 7

0 (私) <u>Quand il sonnera midi, j'aurai déjà parlé avec des amis.</u>
カン ティル ソヌラ ミディ ジョレ デジャ パルレ アヴェク デ ザミ

1 (私／君／彼／彼女／私達／あなた達／彼ら／彼女ら)
2 (私／君／彼／彼女／私達／あなた達／彼ら／彼女ら)
3 (私／君／彼／彼女／私達／あなた達／彼ら／彼女ら) etc.

イラストが表す動作を、全ての（あるいは任意の）人称で表せ。ただし、「私」は男性、「君」は女性、「私達」は男女混合の集団、「あなた達」は女性のみの集団、とする。

正午の時報が鳴るころには、私はすでに友達と話し終えているだろう

・未来のある時点から見て、すでに完了した行為を表す時制を前未来という。avoir（あるいはêtre）の単純未来＋過去分詞で作る。助動詞の選び方や過去分詞の操作は、複合過去や大過去と同じ。

Ex. 132 直説法前未来 2
☞表❶(1)⑦〜⑯

FIGURE 8

0 (私) 同上

1 (私／君／彼／彼女／私達／あなた達／彼ら／彼女ら)
2 (私／君／彼／彼女／私達／あなた達／彼ら／彼女ら)
3 (私／君／彼／彼女／私達／あなた達／彼ら／彼女ら) etc.

<u>Quand Brigitte viendra, j'aurai déjà bu de la bière.</u>
カン ブリジット ヴィヤンドラ ジョレ デジャ ビュ ドゥ ラ ビエル

ブリジットが来るころには、私はすでにビールを飲み終えているだろう

50

NIVEAU 4

FIGURE 7

Ex. 133 条件法現在 1
☞表 ❶ ⑦

0 (私) イラストが表す動作を、全ての (あるいは任意の) 人称で表せ。

Si c'était possible, je parlerais avec des amis.

1 (私／君／彼／彼女／私達／あなた達／彼ら／彼女ら)
2 (私／君／彼／彼女／私達／あなた達／彼ら／彼女ら)
3 (私／君／彼／彼女／私達／あなた達／彼ら／彼女ら) etc.

もし可能なら、私は友達と話すのだが

・現在の反実仮想を表す時制が条件法現在であり、条件法語幹＋現在規則動詞の条件法語尾でつくる。
・-er型規則動詞の条件法語幹は単純未来語幹と同じく不定詞。
・現在の事実に反する仮定は、si＋半過去の時制の文章で表すことができる。

FIGURE 8

Ex. 134 条件法現在 2
☞表 ❸ ⑦ (3) ⑦
〜⑯

0 (私) 同上。

Si on le permettait, je boirais de la bière.

1 (私／君／彼／彼女／私達／あなた達／彼ら／彼女ら)
2 (私／君／彼／彼女／私達／あなた達／彼ら／彼女ら)
3 (私／君／彼／彼女／私達／あなた達／彼ら／彼女ら) etc.

イラストが表す動作を、全ての (あるいは任意の) 人称で表せ。ただし、「私」は男性、「君」は女性、「私達」は男女混合の集団、「あなた達」は女性のみの集団、とする。

もし許されるなら、私はビールを飲むのだが

・「〜を許可する」: permettre＋直接目的
 (permettre活用 ☞表 ❸ ① ⑧型)
・不規則動詞の条件法語幹は、単純未来語幹と同じ。

FIGURE 7

Ex. 135 条件法過去 1
☞表 ❶ ⑦

0 (私) 同上。

Si ça avait été possible, j'aurais parlé avec des amis.

1 (私／君／彼／彼女／私達／あなた達／彼ら／彼女ら)
2 (私／君／彼／彼女／私達／あなた達／彼ら／彼女ら)
3 (私／君／彼／彼女／私達／あなた達／彼ら／彼女ら) etc.

もし可能だったら、私は友達と話したのだが

・過去の反実仮想を表す文章が条件法過去であり、助動詞 avoir (あるいは être) の条件法現在＋過去分詞でつくる。助動詞の選び方や過去分詞の操作は、複合過去、前未来と同じ。
・avoir 未来 (＝条件法) 語幹 ☞表 ❸ (3) ②
・être 未来 (＝条件法) 語幹 ☞表 ❸ (3) ①
・過去の事実に反する仮定は、si＋大過去の時制の文章で表すことができる。

FIGURE 8

Ex. 136 条件法過去 2
☞表 ❸ ⑦ (1) ⑦
〜⑯

0 (私) 同上。

Si on l'avait permis, j'aurais bu de la bière.

1 (私／君／彼／彼女／私達／あなた達／彼ら／彼女ら)
2 (私／君／彼／彼女／私達／あなた達／彼ら／彼女ら)
3 (私／君／彼／彼女／私達／あなた達／彼ら／彼女ら) etc.

もし許されたなら、私はビールを飲んだのだが

51

Ex. 137 ☞表 ❶ ⑧ 接続法現在1	**FIGURE 7** 0 (私) **Bernard veut que je parle avec des amis.** 　　イラストが表す動作を，全ての（あるいは任意の）人称で表せ． 1 (私) 君／彼／彼女／私達／あなた達／彼ら／彼女ら 2 (私) 君／彼／彼女／私達／あなた達／彼ら／彼女ら 3 (私) 君／彼／彼女／私達／あなた達／彼ら／彼女ら etc.	私が友達と話すことを，ベルナールは望んでいる ・「〜ということを望む」 vouloir que（母音の前で qu'）＋文章 ・恐れ，願望，義務，譲歩など，人の内面世界に思い描かれる行為や状態を表す時制が接続法であり，接続詞 que とともに用いられる． ・接続法現在は，接続法語幹（直説法現在三人称複数活用形の語幹）＋接続法語尾でつくられる． ・不規則動詞の接続法語幹は特別なものも多いので注意． **Ex. 22**
Ex. 138 ☞表 ❶ ⑧ (2) (4) 接続法現在2	**FIGURE 8** 同上 0 (私) **Il faut que je boive de la bière.** 1 (私) 君／彼／彼女／私達／あなた達／彼ら／彼女ら 2 (私) 君／彼／彼女／私達／あなた達／彼ら／彼女ら 3 (私) 君／彼／彼女／私達／あなた達／彼ら／彼女ら	私はビールを飲まなければならない ・「〜ということが必要である」： il faut que＋文章（接続法） ・「〜にもかかわらず」：bien que＋文章（接続法）
Ex. 139 ☞表 ❸ ⑧' ☞表 ❸ (1) ⑦ 〜⑯ 接続法過去	0 (私) **Bien que j'aie bu de la bière, je ne me sens pas heureux.** （4をのぞく） イラストが表す動作を，全ての（あるいは任意の）人称で表せ．ただし，「私」は男性，「君」は女性，「私達」は男女混合の集団，「あなた達」は女性のみの集団，とする．	ビールを飲んだにもかかわらず，私は自分が幸せであると感じない ・「〜ができるとあると感じる」： sentir活用（sentir＋直接目的＋形容詞） ・主節で表される行為や状態から見て完了したことを接続法で表すとき，接続法過去を用いる．これは，助動詞 avoir（あるいは être）の接続法現在＋過去分詞でつくる，助動詞の選び方や過去分詞の操作は，複合過去，大過去，前未来，条件法過去と同じ． avoir 接続法過去活用 ☞表 ❸ (4) ② être 接続法過去活用 ☞表 ❸ (4) ① **Ex. 59**

代入用語彙イラスト集
FIGURES

FIGURE 1

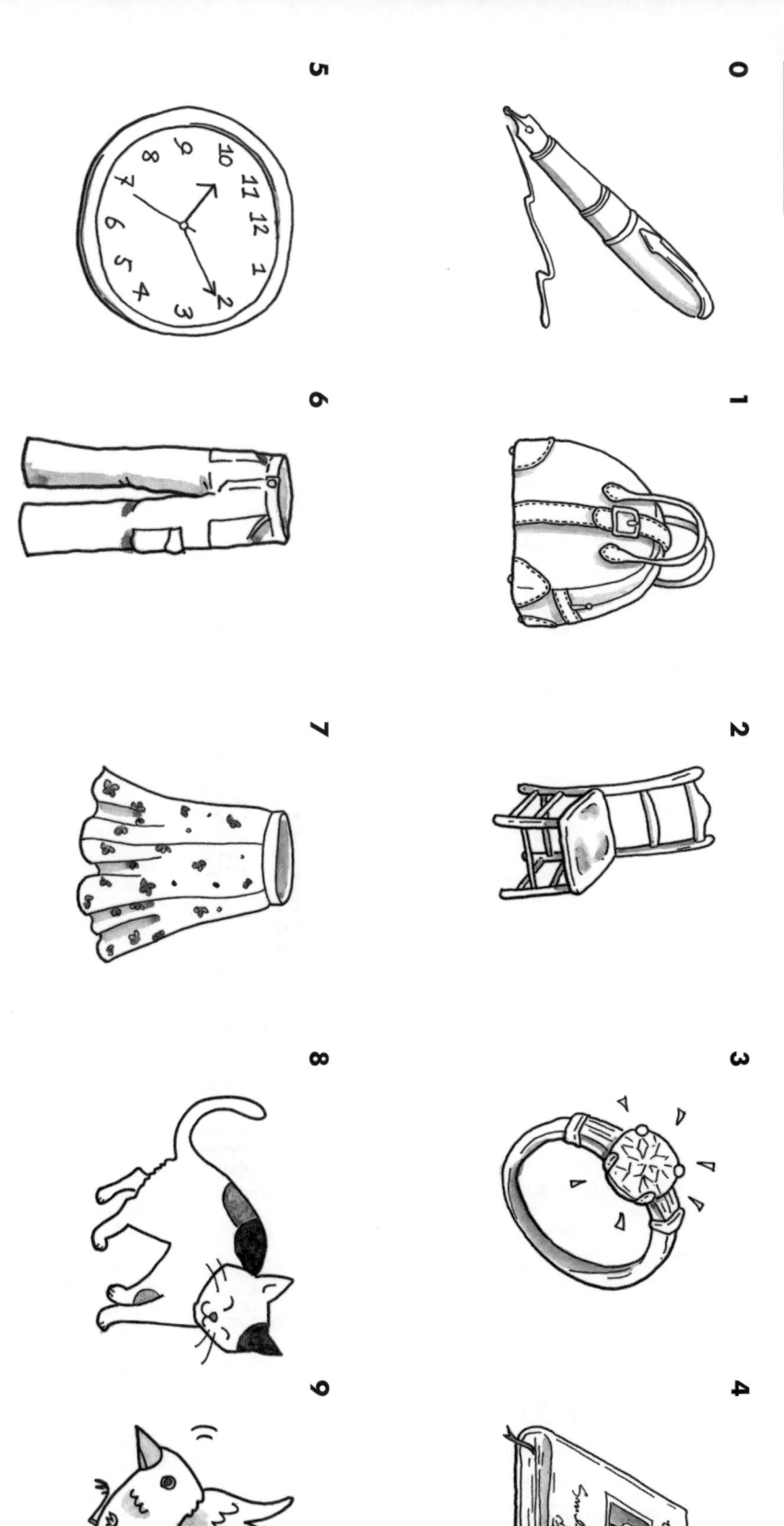

0. (pen)
1. (bag)
2. (chair)
3. (ring)
4. (book)
5. (clock)
6. (pants)
7. (skirt)
8. (cat)
9. (bird)

vocabulaire ***
0 ペン stylo(m)　1 かばん sac(m)　2 椅子 chaise(f)　3 指輪 bague(f)　4 本 livre(m)
5 時計 horloge(f)　6 ズボン pantalon(m)　7 スカート jupe(f)　8 猫 chat(m)　9 鳥 oiseau(m)
(m) 男性名詞, (f) 女性名詞

FIGURE 2

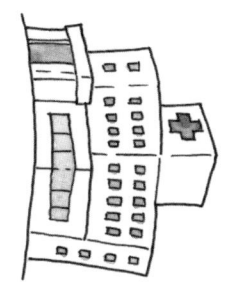

vocabulaire ***

0 映画館 cinéma(m)　1 カフェ café(m)　2 郵便局 poste(f)　3 レストラン restaurant(m)　4 駅 gare(f)
5 美術館 musée(m)　6 図書館 bibliothèque(f)　7 大学 université(f)　8 教会 église(f)　9 病院 hôpital(m)

(m) 男性名詞, (f) 女性名詞

FIGURE 3

0 Nicolas ami

1 moi

2 toi Elisabeth amie

3 Yves père

4 Anne mère

5 Catherine sœur

6 Claire sœur

7 Édouard frère

FIGURE 4

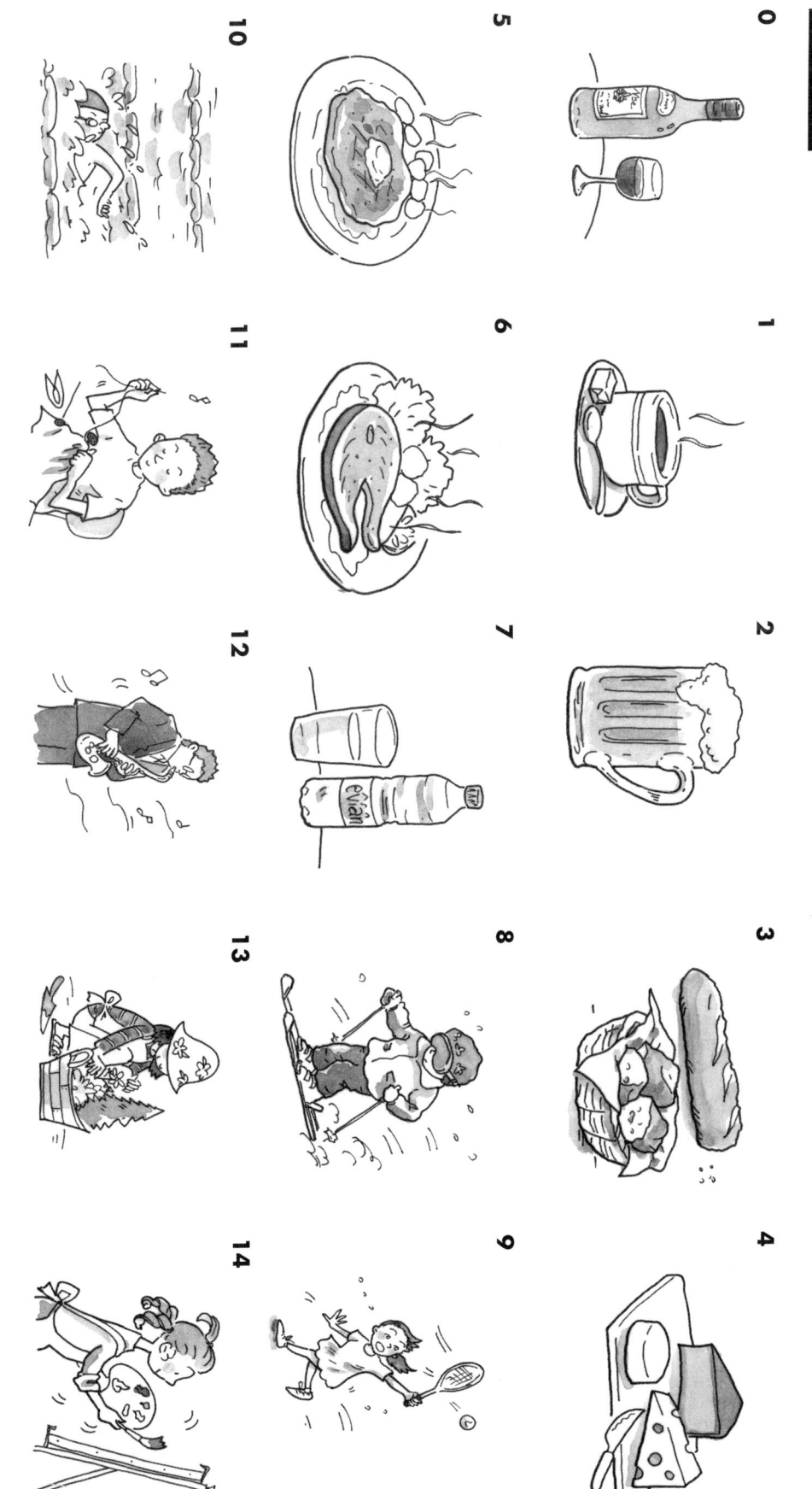

0 — (bottle of wine)
1 — (coffee cup)
2 — (beer mug)
3 — (bread and cheese)
4 — (cheese)
5 — (meat dish)
6 — (fish)
7 — (water bottles)
8 — (skiing)
9 — (tennis)
10 — (sewing)
11 — (eating)
12 — (music)
13 — (gardening)
14 — (painting)

vocabulaire **
0 ワイン vin(m)　1 コーヒー café(m)　2 ビール bière(f)　3 パン pain(m)　4 チーズ fromage(m)
5 肉 viande(f)　6 魚 poisson(m)　7 水 eau(f)　8 スキー ski(m)　9 テニス tennis(m)
10 水泳 natation(f)　11 裁縫 couture(f)　12 音楽 musique(f)　13 ガーデニング jardinage(m)　14 絵画 peinture(f)

(m) 男性名詞, (f) 女性名詞

FIGURE 5

(m) 男性名詞, (f) 女性名詞, (pl) 複数名詞

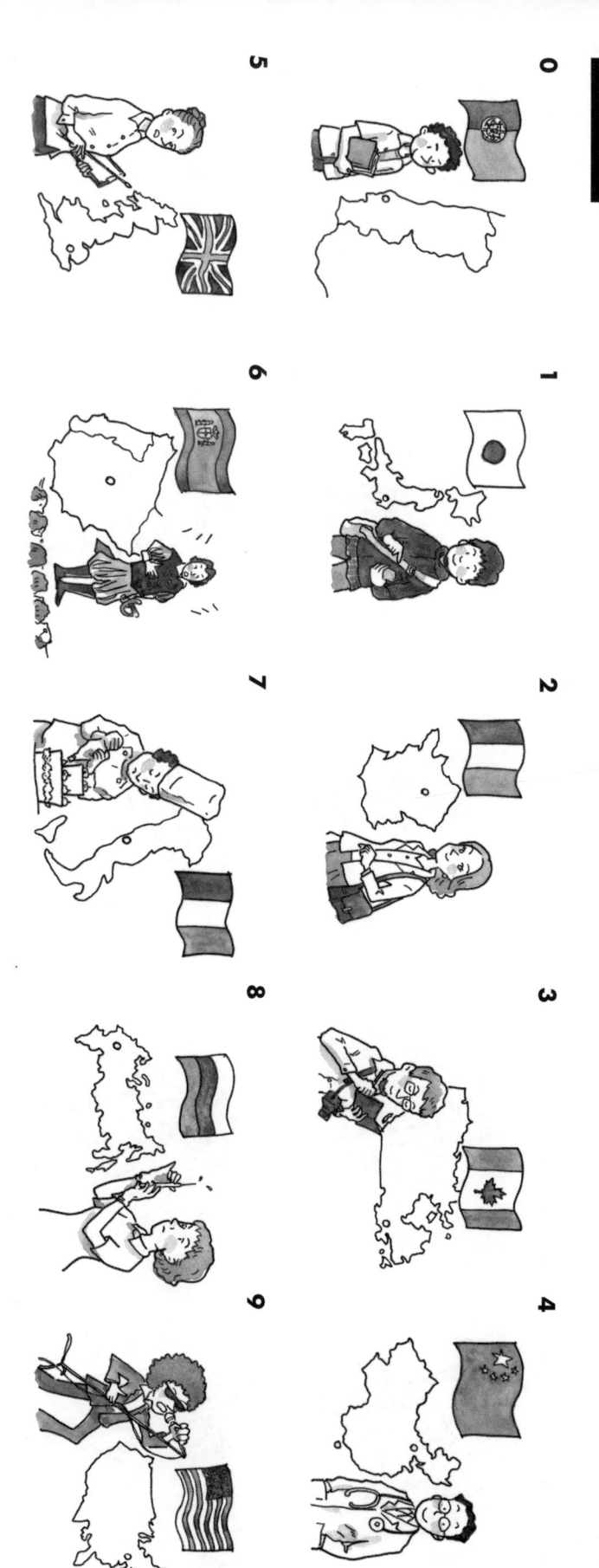

vocabulaire **
0 学生 étudiant ／ポルトガル Portugal(m) ／ポルトガル人（語）portugais ／リスボン Lisbonne
1 学生 étudiant ／日本 Japon(m) ／日本人（語）japonais ／東京 Tokyo
2 勤め人 employé ／フランス France(f) ／フランス人（語）français ／パリ Paris
3 ジャーナリスト journaliste ／カナダ Canada(m) ／カナダ人（語）canadien ／オタワ Ottawa
4 医者 médecin ／中国 Chine(f) ／中国人（語）chinois ／北京 Pékin
5 教師 professeur ／イギリス Angleterre(f) ／イギリス人（英語）anglais ／ロンドン Londres
6 俳優 acteur ／スペイン Espagne(f) ／スペイン人（語）espagnol ／マドリド Madrid
7 パティシエ pâtissier ／イタリア Italie(f) ／イタリア人（語）italien ／ローマ Rome
8 看護師 infirmier ／ロシア Russie(f) ／ロシア人（語）russe ／モスクワ Moscou
9 歌手 chanteur ／アメリカ合衆国 États-Unis(m, pl) ／アメリカ人 américain ／ワシントン Washington

FIGURE 6

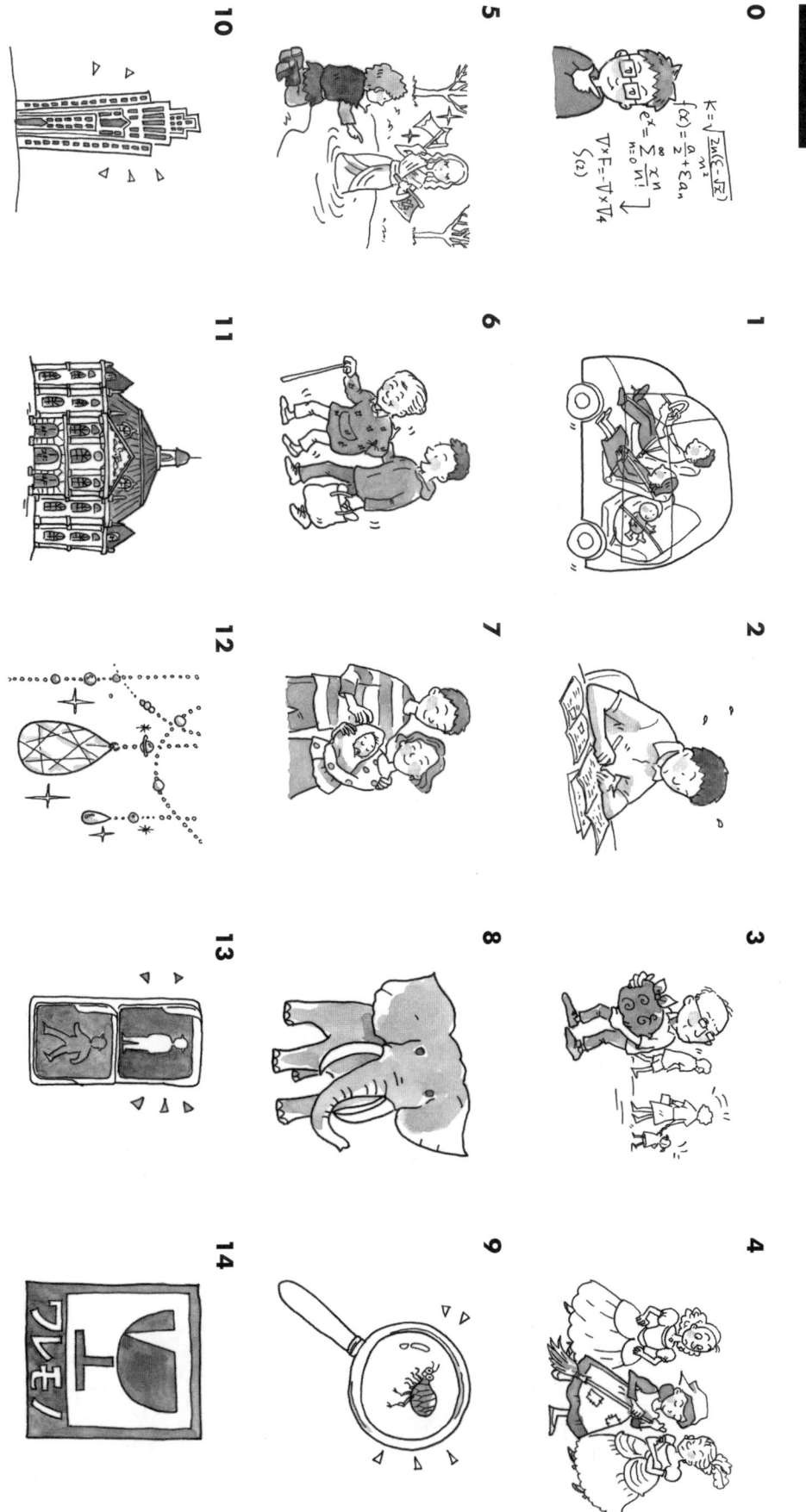

vocabulaire ***
0 利口な sage 1 慎重な prudent 2 熱心な diligent 3 警戒心の強い méfiant 4 つつましい modeste
5 正直な honnête 6 親切な gentil 7 幸福な heureux 8 大きい grand 9 小さい petit
10 新しい nouveau 11 古い vieux 12 美しい beau 13 赤い rouge 14 脆い fragile

FIGURE 7

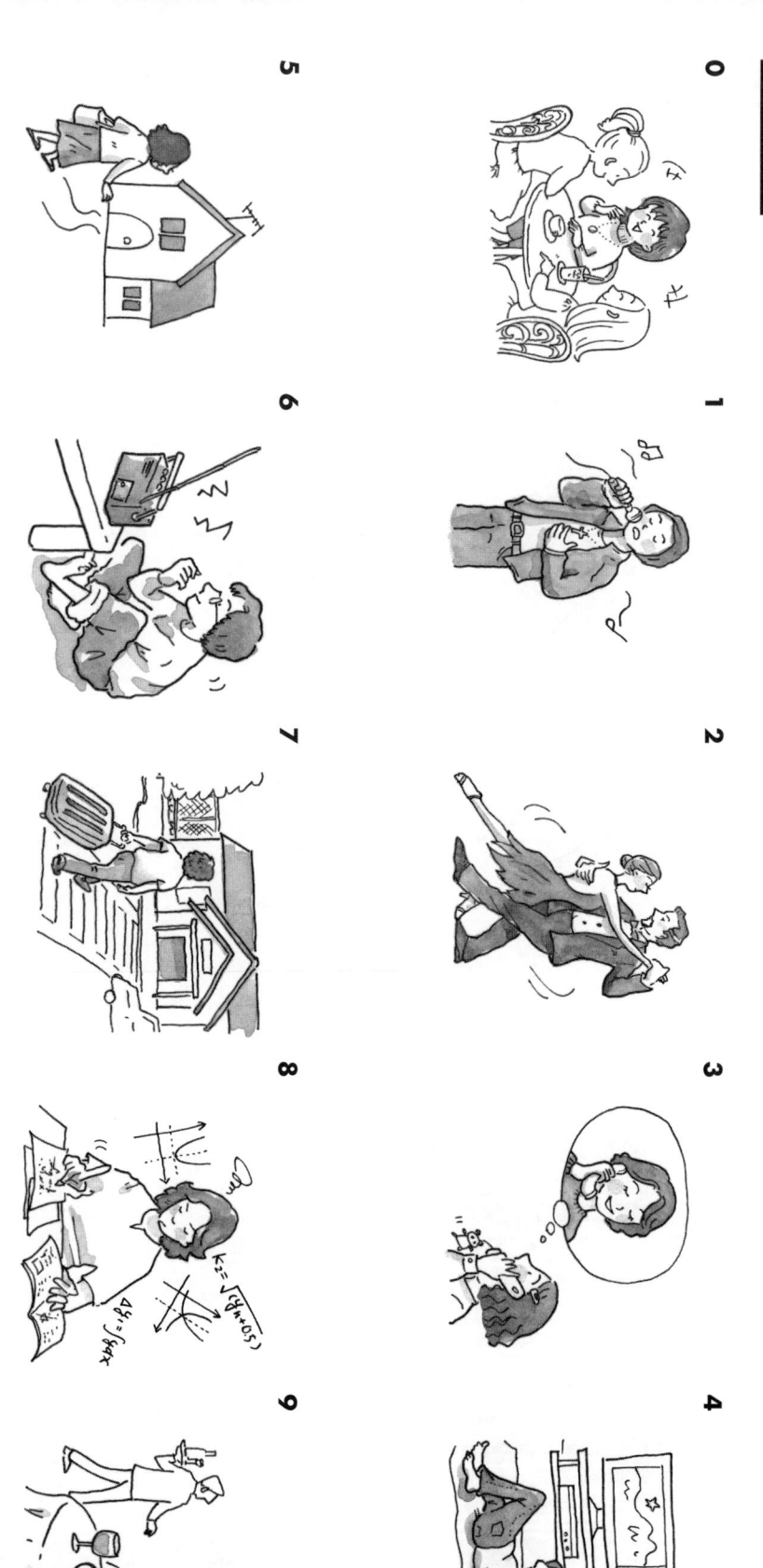

0 — 1 — 2 — 3 — 4
5 — 6 — 7 — 8 — 9

vocabulaire
0 友達と話す parler avec des amis 1 歌を歌う chanter la chanson 2 タンゴを踊る danser le tango 3 友人に電話する téléphoner à un ami
4 テレビを見る regarder la télévision 5 家に帰る rentrer à la maison 6 ラジオを聴く écouter la radio 7 駅に着く arriver à la gare
8 数学を勉強する étudier les mathématiques 9 レストランで食事をする manger au restaurant

FIGURE 8

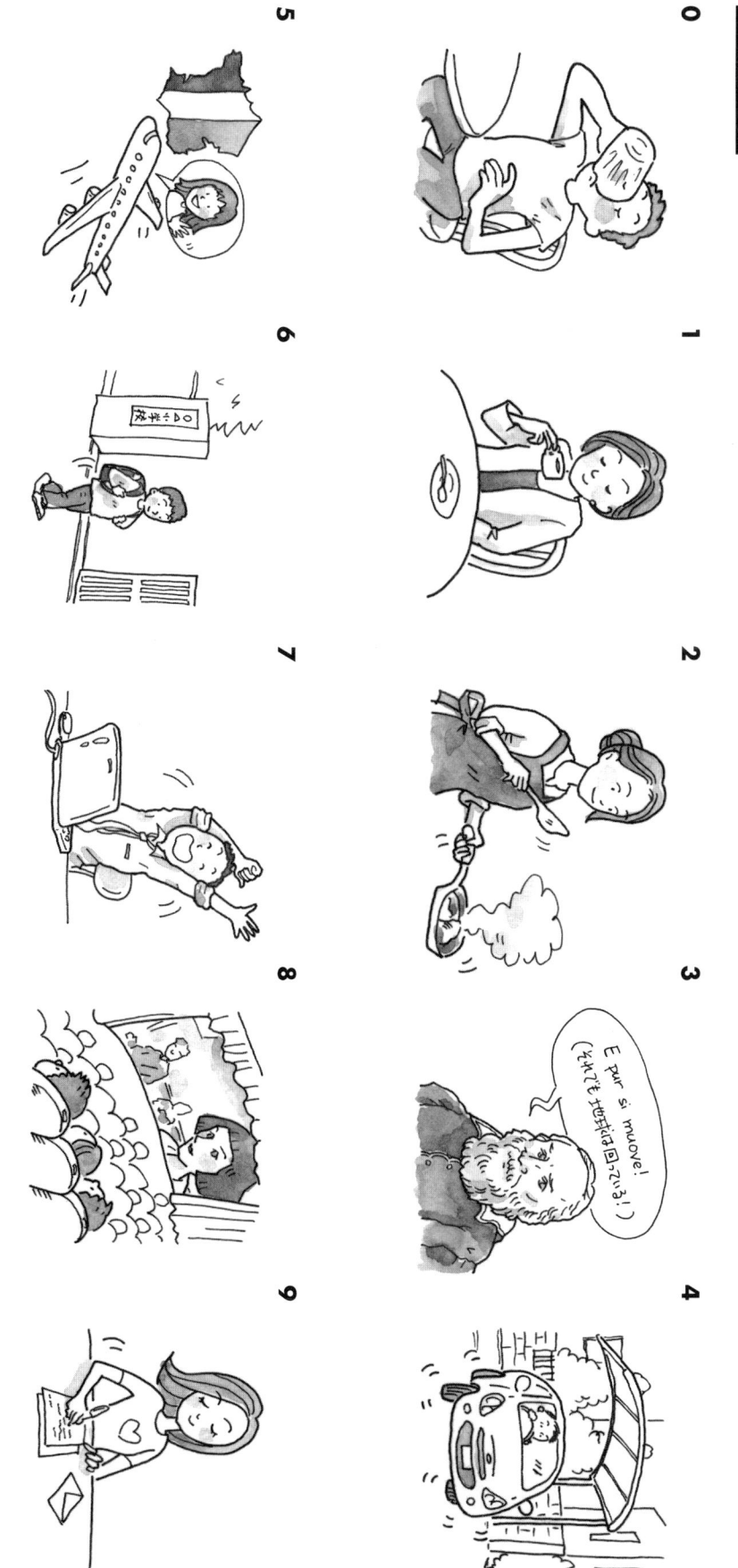

vocabulaire ***
0 ビールを飲む boire de la bière　1 コーヒーを摂る prendre du café　2 料理をする faire la cuisine　3 真実を言う dire la vérité　4 車をガレージに入れる mettre la voiture au garage　5 フランスへ発つ partir en France　6 下校する sortir de l'école　7 この仕事を終える finir ce travail　8 映画を見る voir le film　9 手紙を書く écrire une lettre

著者略歴

辻部 亮子（つじべ りょうこ）

1972年島根県生まれ．東京大学大学院人文社会系研究科博士課程満期退学．博士（文学）．専門は中世フランス文学研究．主要訳書に，フラン・ヴィアラ『作家の誕生』，2005年，藤原書店（共訳），『十八世紀叢書第Ⅵ巻　性——抑圧された領域』，2011年，国書刊行会（共訳）がある．

フランス語構文練習帳

2012. 4. 1　初版発行　2020. 6. 1　3刷発行

著者　辻部　亮子

発行者　井田　洋二

発行所　〒101-0062 東京都千代田区神田駿河台3の7
　　　　電話 03(3291)1676　FAX 03(3291)1675
　　　　振替 00190-3-56669

　　　　株式会社　駿河台出版社
　　　　http://www.e-surugadai.com

印刷　研究社印刷株式会社

ISBN978-4-411-01346-0　C1085